南昌大学法学文库

江西省社会科学“十三五”规划项目（项目批准号：17FX16）

# 恶意诉讼行为及其法律规制研究

周良慧 著

法律出版社
LAW PRESS·CHINA
北京

**图书在版编目(CIP)数据**

恶意诉讼行为及其法律规制研究 / 周良慧著. -- 北京：法律出版社, 2023
(南昌大学法学文库)
ISBN 978－7－5197－7777－7

Ⅰ. ①恶… Ⅱ. ①周… Ⅲ. ①诉讼－司法制度－研究－中国 Ⅳ. ①D925.04

中国国家版本馆 CIP 数据核字(2023)第 058802 号

| | | |
|---|---|---|
| **恶意诉讼行为及其法律规制研究**<br>**EYI SUSONG XINGWEI JIQI FALÜ GUIZHI YANJIU** | 周良慧 著 | 策划编辑 沈小英<br>责任编辑 沈小英 任 娜<br>装帧设计 李 瞻 |

| | |
|---|---|
| **出版发行** 法律出版社 | **开本** 710 毫米×1000 毫米 1/16 |
| **编辑统筹** 法治与经济出版分社 | **印张** 13.5 **字数** 196 千 |
| **责任校对** 王晓萍 | **版本** 2023 年 4 月第 1 版 |
| **责任印制** 吕亚莉 | **印次** 2023 年 4 月第 1 次印刷 |
| **经 销** 新华书店 | **印刷** 北京虎彩文化传播有限公司 |

地址:北京市丰台区莲花池西里 7 号(100073)
网址:www.lawpress.com.cn　　销售电话:010－83938349
投稿邮箱:info@lawpress.com.cn　　客服电话:010－83938350
举报盗版邮箱:jbwq@lawpress.com.cn　　咨询电话:010－63939796

**书号**:ISBN 978－7－5197－7777－7　　**定价**:78.00 元
凡购买本社图书,如有印装错误,我社负责退换。电话:010－83938349

# 总　序

改革开放以来，随着我国法学教育和法学研究的迅速发展，我国法学理论研究一路高歌猛进，各种法学著述汗牛充栋、琳琅满目。出版各种系列丛书，已成为各大法律院校展示科研成果和研究实力的一种方式。“南昌大学法学文库”的出版也有这种目的。

南昌大学法学教育肇始于中华人民共和国成立前的国立中正大学法律系。抗日战争爆发时，国民政府深感经纬万端，亟待忠贞弘毅之士，推行博厚笃实之教育理念，于1940年在江西泰和杏岭建立国立中正大学，享誉海内外的植物学家和教育家胡先骕先生为首任校长。该校创立之初，即设文法学院、工学院、农学院，1947年文法学院分为文学院和法学院，1948年增设法律系。彼时，适值蔡枢衡先生回家乡永修探亲，被赣鄱父老、学术达士极力挽留，终留南昌，主持中正大学法律系，任教授，兼任系主任。1949年南昌解放时，国立中正大学停办（我国台湾地区于1989年在嘉义恢复中正大学）。1980年江西大学设立法律系，法学之薪火得以在豫章故郡续燃。江西大学法律系在成立之初便云集了一大批优秀的教师，例如，刘焕文、胡正谒、丁文华、刘仕才、谢庆演、胡继群、卓凡等。许多现今知名的学者和专家也曾于20世纪80年代在江西大学法律系工作过，例如，著名民法学家徐国栋教授、北京大学党委书记邱水平教授、原清华大学副校长谢维和教授。1993年江西大学与江西工业大学合并组建南昌大学，江西大学法律系亦改称为南昌大学法律系。经过老一辈法学家蔡枢衡、刘焕文、胡正谒等先贤筚路蓝缕、披荆斩棘和几代南昌大学法律人的奋斗，尤其是江西大学法律系成立以来的近40年，南昌大学法学院广聚人才、苦练内功，形成了梯队合理、结构优化的科研教学团队，取得了长足进步，学科优势地位日渐凸显。

“南昌大学法学文库”正是在上述背景下应运而生。文库设立初衷在于展示本校法学最新研究成果，弘扬严谨笃学、厚实勤勉的学术传统。入选文库的论著，既包括毕业于本院社会治理与法治系统工程专业的博士论文，也包括新进教师的博士论文及学院其他教师的新近力作。内容涵盖法学领域各个二级学科、法学与其他学科的交叉学科。期待经过若干年的连续出版，文库在保证质量的基础上，形成规模效应，为法学理论研究的持续繁荣锦上添花。

“南昌大学法学文库”由南昌大学法学院的教授组成编委会，甄别论著质量，筛选具有出版价值的优秀论著，法学院具体负责出版事宜。通过严格审查把关，力争出版一系列具有学术见地、学术创新的高水平著作。同时对后学者施以激励，延续本学科优良的学术传统。

本文库的出版，有赖于法律出版社的积极筹划与倾力帮助。长期以来，法律出版社对南昌大学法学学科给予了大力支持，今日文库出版，亦为双方勠力同心、协同发展合作关系的见证。借此机会，向法律出版社表示由衷的谢忱！

“庙廊之才，非一木之枝”，我们希望各位学界同人批评指正，共同扶持青年后学。

杨　峰

2017年12月31日于南昌大学前湖校区

2021年12月31日修订于南昌大学前湖校区

# 序

在我国司法实践中，既存在诉权保障不充分的现象，也存在比较严重的当事人滥诉问题。滥诉者往往利用程序法所赋予的诉讼权利，以损害他人合法权利为目的，来实施诉讼行为，达成一个有利于自己的判决结果，最后给被告或案外人造成实体权利上的损害或法律上的不利益。可以说，保障公民诉讼请求的同时，如何防止诉权滥用，是当今我国民事司法领域的重要课题。

恶意诉讼行为也是一种违反诚信的行为。早在10余年前，我便关注到司法实践中的恶意诉讼问题，并做了一些研究。在我的启发下，良慧博士将"恶意诉讼行为及其法律规制"作为其博士学位论文的主题，展开整体性研究，展现出良慧博士较强的学术洞察力。本书是在其博士学位论文《论恶意诉讼行为及其法律规制》基础上修改而成，凝聚了良慧博士对于恶意诉讼的深入思考的成果。

本书在厘定恶意诉讼行为概念的基础上，广泛收集相关案例，对恶意诉讼行为进行类型化考察，并从实体法和程序法两个维度，系统检视当前我国在恶意诉讼行为法律规制上面临的制度缺失，并提出对恶意诉讼行为的法律规制方案。本书厘清恶意诉讼行为的概念、类型和构成要件，梳理了相关案例并加以系统分析，回应新时代我国民事司法的现实问题，可以为司法裁判面对虚假诉讼问题提供一定的识别方法和判定准则。

民事诉讼法学是一门具有高度实践性的法学学科，不断丰富的案例亟须理论上归纳分析和论证。期待良慧博士未来能够在学术道路上产出更多更好的成果。

是为序。

2023 年 3 月 20 日

# 前　言

恶意诉讼行为指的是一方或双方当事人在主观恶意支配下实施的诉讼行为，其目的是通过对司法程序的不当利用，达到损害对方当事人利益、案外人利益乃至社会公共利益的不法目的。在我国，恶意诉讼行为虽早已进入学者研究的视野，但具体的立法规制却始于最新一次的《中华人民共和国民事诉讼法》（以下简称《民事诉讼法》）修订，此后以单独的罪名被《中华人民共和国刑法》（以下简称《刑法》）纳入追究刑事责任的范围。但对于该违法行为具体规制办法的应用，依旧存在各制度间竞合的现象。基于对该违法行为如何进行法律规制的研究与探讨，本书绪论部分从研究背景出发，总结两大法系与我国既有立法规制的现状，分析该违法行为具体被规制的违法表现。

本书第一章为恶意诉讼行为概述，主要阐释的是恶意诉讼行为概念及构成要件的具体内容，在参考学界主流观点的同时，分析我国立法背景下规制恶意诉讼行为所需要达到的具体要求。以寻求概念核心的方法总结概括出恶意诉讼行为概念的具体内容，并通过与相关概念进行辨析，达到佐证概念构建合理性的同时，厘清各混用称谓之间的逻辑关系，以达到对该违法行为内涵的统一理解。以社会学理论为分析该违法行为构成要件的基础，将其构成要件总结为行为要件和结果要件。

第二章为恶意诉讼行为的主体，主要阐述实施该违法行为，需要被追究法律责任的主体范围。恶意诉讼行为主要的实施主体是参与诉讼程序的当事人。基于侵害手段的不同,将其区分为恶意串通的双方当事人和实施侵害的一方当事人。而基于该违法行为在实施的过程中需要采取捏造事实、伪造证据的手段,其他诉讼参与人亦存在辅助实施该违法行为的可能。同时,法官作为作出裁判结果的主体,亦可能因为利益的驱使,参与该违法行为。因此,在追究恶意诉讼行为实施主体法律责任时,不仅应从该违法行为实施的组织者角度考察,还应考虑追究辅助参与者的法律责任。

第三章为恶意诉讼行为的表现,主要总结的是该违法行为在实践中的具体形态,以及其行为要件和结果要件分别表现的内容。基于恶意诉讼行为是不当利用诉讼程序以达到立法预期外的效果,其侵害的不仅是司法裁判的权威与司法资源利用的效率,也涉及对他人人身财产等民事权益的侵害。但亦需要考虑违法行为所具备的合法外观。因此,在划分法律责任时需要以现有立法为背景,在不创设新类型的法律责任的情况下,分别从民事诉讼法律责任、侵权责任和刑事责任三个角度去论证相应法律责任的构成。

第四章为现有法律规制中存在的不足,主要阐述我国程序立法与实体立法中各规制制度的具体内容及其存在的问题。对恶意诉讼行为的规制,主要表述在《民事诉讼法》第 115 条、第 116 条规定的民事诉讼强制措施当中。由此,构成了该违法行为独立的民事诉讼法律责任。然而成文法规制的局限性,使诉讼中大量存在的非诚信且阻碍纠纷解决的行为并未遭受惩罚。诚实信用原则虽被引入诉讼领域,但其适用范围和具体适用方法并没有被具体规定,仅以宽泛的原则出现,因而依旧存在适用困难的问题。新修订的“民事诉讼法”引入的第三人撤销诉讼,为案外第三人在遭受该违法行为侵害时,提供了专门的救济制度。但第三人撤销诉讼与再审、执行异议、执行异议之诉存在救济方面的竞合与制度间的冲突，并没有因为新司法解释的出台而得到完全解决。同时，第三人撤销诉讼主体条件的苛刻限制，亦使受到侵害者难以通过该程序进行救济。在实体法规制方面，则主要从侵权责任适用和刑事责任追究两个角度探讨该违法行为产生的实体法责任。但在追究该违法行为实体法责任时，往往忽略与程序性救济之间的配合与衔接。因而以此为角度，来总结出实体法规制时存在的欠缺以及需要得到完善的问题。

第五章为程序法规制的完善，主要解决的是我国现有立法在程序与实体两个规制角度存在问题的具体应对方法。从程序法规制的角度应以立案为起点，达到预防恶意诉讼行为的效果。但过度的立案审查会带来限制诉权行使的后果。立案阶段规制该违法行为主要通过立案信息的收集，为追究法律责任提供有力的依据，同时信息的收集亦可以避免重复起诉带来的司法资源浪费。对于诉讼程序中的具体规制与救济，本书通过体系解释的方法，以第三人撤销诉讼的应用为出发点，探讨新制度与其他竞合制度间的关系及具体的适用方法。

第六章为实体法规制的完善，主要从侵权责任与刑事责任追究两个角度，探讨恶意诉讼行为的具体规制。从实体法角度进行规制时，应明确侵权责任的适用范围，不能泛化地追究侵权责任。同时加大赔偿的范围和力度，增强救济的可能性。在追究刑事责任时，应增强新增罪名的可适用性，并以民事诉讼进程为参照认定该罪名的犯罪形态。

# 目　录

# 绪　论

## 一、研究的背景与现状

### （一）研究的背景

法律所反映的是统治阶级的意识，其产生背景是一国现有政治、经济、文化等多元价值的集合。个人在法治社会中遵守法律，按照法律的指引作用行使权利承担义务，则形成个体状态。由于个体状态的不特定性和欠规律性，我们不能完全通过法律去预测每一个人的行为轨迹；同样很难说，通过对个人行为的总结推演出来的一些社会现象都会符合法律规定所预期的状态，这表现出来的是法律的滞后性。国家设置民事诉讼作为民众纠纷解决的出口，但这份预期可能因为当事人对诉讼程序运用不适当，甚至恶意地运用而落空。也就是说，法律赋予当事人提起诉讼的权利，而由于个体内心状态的不特定及对权利使用方式的欠规律性，在众多诉讼程序中不难发觉当事人运用程序的方式与法律规定的方式存在较大偏离，亦有偏差大者直接可能构成违法甚至犯罪，这正体现了个体表现与法律预期存在的偏差。

根据浙江省高级人民法院调研的结果可知，在该省的基层法院有近九成的法官接触过恶意诉讼。据 2010 年的统计显示，浙江省内法院在此一年内共查处恶意诉讼案件 137 件。上海市各级法院自 2008 年至

2011 年,认定为恶意诉讼的案件达 77 起。[1] 2010 年广东省高级人民法院举办了防范打击虚假民事诉讼案件的研讨,通过广东省高级人民法院及其他 8 个市级法院的不完全统计得出自 2001 年起至 2009 年,共计 940 件虚假民事诉讼案件发生于广东省。[2] 在研究该类案例时,通过在“北大法宝数据库”中以“恶意诉讼”词条为关键词进行精确检索,得出判例和判决文书的检索结果多达 5689 条。但其中主要表现为各程序阶段中被告认为原告的起诉为恶意的诉讼,二审或再审程序中原告认为被告在本诉或前诉中存在恶意诉讼行为;法院就恶意诉讼行为进行评价的结果较少,以对恶意诉讼行为的处罚为判决内容的结果也比较鲜见。这种现象的产生,主要因为我国是成文法国家,成文法内在对安全价值的追求往往容易使法律产生滞后性的局限。[3] 这也证明了法律可能在某些层面不能概括现有社会现象的全部,但应对某一范畴内社会现象的表现形式也就是我们说的某个具体的法律条文,确有其独立存在的价值,就如同我们必须承认社会自成一体存在的价值一样。法律条文基于统治阶级的意志而产生,现有的法律条文并不会因为无法与某一社会现象相互推倒而失去意义。我国现有立法中关于恶意诉讼行为的规制并不会因为无法覆盖所有该类违法行为的表征而被完全否决;同样我们也不能就某人实施的恶意诉讼行为自身具备的个体表现无法与法条中的具体规定相互推倒,而否定这类违法行为的存在。

---

〔1〕 参见张卫平主编:《新民事诉讼法专题讲座》,中国法制出版社 2012 年版,第 161 页。

〔2〕 参见徐春建、胡锡麟、林广海等:《依法打击虚假民事诉讼切实维护司法权威——广东省高院关于防范和打击虚假民事诉讼案件的调研报告》,载《人民法院报》2010 年 9 月 30 日,第 8 版。

〔3〕 参见徐国栋:《法律局限性的处理模式分析》,载《中国法学》1991 年第 3 期。

## （二）域外研究的现状

### 1. 大陆法系的研究现状

恶意诉讼行为的发生并非专属于某个特定时期，也非专属于某个特定法域。作为一项以权利的滥用为基础的不法行为，早在罗马法时期就已经受到重视，法典也对此做了详尽的规定。我国学者倾向于将罗马法中该部分内容总结为真实义务，这是诚实信用原则从民事实体法向民事程序法扩张的体现。〔1〕罗马法把当事人违反诚实信用而实施的在诉讼上的违法行为分为三类：第一是不真实的诉讼主张，第二是第二性权利基础不合法，第三是被告在诉讼中的拖延或不当反驳。〔2〕法院应对上述违法行为时，采取的措施既包括实体上的规制也包括程序上的处理。首先是采用宣誓加罚金的方式，原被告均需在诉讼中进行宣誓，其宣誓的内容和法院的处理各有不同。一方面原告宣誓自己的起诉并非涉及诬告也非出于敌意，原告拒绝宣誓的，法院驳回起诉，原告违反宣誓的处原告诉讼价值1/10的罚金；〔3〕另一方面是被告宣誓自己对原告的反驳是具有充分理由的，被告拒绝宣誓表明其承认原告请求，被告反驳不具备正当理由的，应当接受原告主张，拒不履责的承担倍数不同的罚金。〔4〕其次是运用破廉耻的制裁，〔5〕惩罚胡乱提起诉

---

〔1〕参见刘荣军：《诚实信用原则在民事诉讼中的适用》，载《法学研究》1998年第4期。

〔2〕参见蔡章麟：《民事诉讼法上诚实信用原则》，载杨建华主编：《民事诉讼法论文选辑》（上），台北，五南图书出版公司1984年版，第15～18页。

〔3〕参见［古罗马］盖尤斯：《法学阶梯》，黄风译，中国政法大学出版社1996年版，第370页。

〔4〕参见周枏：《罗马法原论》（下册），商务印书馆1994年版，第885页。

〔5〕可以判处破廉耻的诉讼，主要为：盗窃之诉、以暴力攫取财产之诉、侵辱之诉、诈欺之诉、监护之诉、委任之诉、寄托之诉、合伙之诉。破廉耻是公法上的刑罚，其法律效果包括丧失选举权和被选举权、服兵役权、对通奸妻子的处罚权、与上层阶级的通婚权、限制诉讼权等，是一种极为严厉的制裁。

讼者,破廉耻的惩罚主要表现为人格的减等,带来的效果中有对诉讼权的限制。[1] 最后是通过等级制度来限制原告对被告的传唤,若原告有理由且说服法官批准才能完成对与自己身份等级不同的被告的传唤,无批准的情况下低位当事人不得传唤高位当事人;若原告草率地进行诉讼,违反上述规则要承担50索里迪的罚金。[2]

上述罗马法的规范虽然古老,但给后世带来了深远的影响。至今仍然有一些国家在立法上沿用罗马法的相关规定。如《意大利民事诉讼法》第96条与《阿根廷民商诉讼法典》第45条中均要求对恶意诉讼行为进行处罚。意大利的立法将恶意诉讼行为的主观状态界定性为故意,追求的目的包括斗气、拖延诉讼、给对方带来诉累;立法对该行为的评价是加重恶意诉讼行为实施者的法律责任,即在承担败诉的责任外还需赔偿相对人因被迫卷入无正当性诉讼而引发的损失;但是该部法律并未科加罚金的处罚。[3] 阿根廷的立法中沿袭了罗马法有关罚金的制度,并规定得更加细化,接受罚金罚的主体除败诉当事人外,还包括鼓励其进行恶意诉讼的律师,二者对罚金的承担方式主要为单独承担或共同承担。[4]

德国的立法以严谨著称,其民法典的制定更是对大陆法系影响深远。然而,德国针对滥用诉讼权利的恶意诉讼行为的理论却受到实体

---

〔1〕 See A. H. J. Greenige, *Infamia: Its Place In Roman Public and Private Law*, Clarendon Press, 1894, p. 7 – 8.

〔2〕 参见徐国栋:《优士丁尼〈法学阶梯〉评注》,北京大学出版社2011年版,第569页。

〔3〕 See Cfr. Federico del Giudice, *Nuovo Dizionario Giuridico*, *Edizione Simone*, Napoli, 1998, p. 738. 转引自肖建华:《论恶意诉讼及其法律规制》,载《中国人民大学学报》2012年第4期。

〔4〕 See Vease Carlos J. Colombo, *Inconduct a Procesal: Temeridad o Malicia*, En Marcos M. Cordoba(ed), Tratado de Ja Buena Fe en el Derecho, Tomo I, 2004, Buenos Aires, La Ley, p. 823. 转引自徐国栋:《论诚信原则向公法部门的扩张》,载《东方法学》2012年第1期。

法律的制约,从“权利滥用”到“诉讼权利滥用”的过渡在德国持续了很长一段时间。德国学者斯坦恩(Stein)从研究《德国民法典》出发,并未发现真正意义上的滥用诉讼权利内容。他认为仅仅从实体法角度寻求一般条款来应对恶意诉讼行为的方式将对诉讼法理论带来极大的冲击,这份担忧也被当时德国的法学界所认同,在选择适用实体法抑或程序法来规制恶意诉讼行为的问题上,学者的观点莫衷一是,[1]这些内容在德国学者孔拉德·施耐德(Konrad Schneider)于1903年出版的《民事诉讼中的诚信与关于诉讼指挥的争论——对诉讼指挥问题的回答》中均有体现。[2] 在关于如何应用现有法律规制诉讼权利滥用方面,直至20世纪30年代诉讼理念发生转变,德国司法实践中将《德国民法典》第242条的规定[3]适用于对诉讼行为的调整,在这种情况下诉讼中当事人的恶意诉讼行为必将接受法律的否定性评价。从20世纪30年代后期修改后的《德国民事诉讼法》来看,程序滥用的表现可以归纳为当事人的欺诈行为和法院的欺诈行为。[4] 因此,该部程序法典增加了当事人“真实义务”的规定,[5]这一具体的规定被认为是实体法中诚实信用原则在程序法内容上的体现。[6] 在对当事人提出“真实义务”

---

〔1〕 参见张晓薇、陈刚:《滥用诉讼权利行为的法律规制》,载陈刚主编:《比较民事诉讼法》(2001年卷~2002年卷),中国人民大学出版社2002年版,第6页。

〔2〕 参见徐国栋:《论诚信原则向公法部门的扩张》,载《东方法学》2012年第1期。

〔3〕 《德国民法典》第242条规定:(依诚实和信用原则履行给付)债务人有义务依诚实和信用,并参照交易习惯,履行给付。

〔4〕 参见[德]博克哈德·汉斯:《德国和奥地利的程序滥用制度》,张艳译,载陈光中、江伟主编:《诉讼法论丛》(第6卷),法律出版社2001年版,第730页。

〔5〕 《德国民法典》第138条规定:(对于事实的说明义务)(1)当事人应就事实状况进行完全而真实的陈述。(2)当事人对于对方当事人所主张的事实,应为陈述。(3)没有明显争执的事实,如果从当事人的其他陈述中不能看出有争执时,即视为已经自认的事实。(4)对于某种事实,只有在它既非当事人自己的行为,又非当事人自己所亲自感知的对象时,才准许说不知。

〔6〕 参见王福华:《民事诉讼诚实信用原则论》,载《法商研究(中南政法学院学报)》1999年第4期。

要求的同时，针对法院对诉讼程序的管理也提出了公平诉讼原则，在《德国民事诉讼法》第 139 条和第 140 条所规定的法官阐明义务以及当事人对于诉讼指挥或发问的异议中体现出相应的规范：审判长应与当事人共同从事实和法律两方面对事实关系和法律关系进行阐明，并且提出发问参与辩论的人，如果认为审判长关于指挥诉讼的命令，或者审判长或法院成员所提的发问违法而提出异议时，由法院裁判之。[1]

上述内容是德国程序立法中规制恶意诉讼行为的一般原则性条款，在具体应对违法行为时，从法律具体适用的角度看，联邦德国法不承认起诉能构成滥用诉权，并且其 20 世纪六七十年代在实践中的判例明确排除了起诉可以产生依据《德国民法典》第 826 条关于违反善良风俗内容确定的法律责任问题。[2] 在面对原告以欺诈法院手段获得胜诉判决的案件中，被告当按照本国诉讼法中的内容申请重审。[3]《德国民事诉讼法》第 765 条第 1 款的内容也被视为对程序性权利滥用的禁止，该款规定通常被称为"苛酷条款"。[4] 针对的是违反善良风俗的强制执行措施，执行法院可以依据债务人的申请，在强制执行措施成为苛酷行为时对其全部或部分停止或撤销。

法国早期的权利滥用原则也是以实体法为基础的，旨在清除财产法现代化进程中的阻碍。[5] 随着人们权利意识的增强，除关注财产权

---

〔1〕 参见《德意志联邦共和国民事诉讼法》，谢怀栻译，中国法制出版社 2001 年版，第 36 页。

〔2〕《德国民法典》第 826 条规定：（违反善良风俗的故意损害）以违反善良风俗的方式故意对他人施加损害的人，对他人负有损害赔偿义务。

〔3〕 参见沈达明编著：《比较民事诉讼法初论》，中国法制出版社 2002 年版，第 249 页。

〔4〕 参见《德意志联邦共和国民事诉讼法》，谢怀栻译，中国法制出版社 2001 年版，第 198 页。

〔5〕 See Angelo Dondi, *Abuse of Procedural Rights: Regional Report for Italy and France*, *Abuse of Procedural Rights: A Comparative Standards of Procedural Fairness*, edited by Michele Taruffo, Kluwer Law International, 1998, p. 109.

领域外,对人们权利行使的程度与之相关联的各种社会利益的关系也更加重视。[1] 法国民法虽未主张起诉行为在《法国民法典》第1382条关于一般侵权行为[2]的规制范围内,但其承认这是一种"滥用权利"(abus de droit)的表现。[3] 而后的程序法发展将滥用诉讼权利理论进一步明确。法国判例认为,一般的过错行为,是可以受到指责的轻率行为,即足可构成滥用诉权,[4]由此可知,衡量诉讼上权利的滥用的标准则取决于是否存在恶意或恶意的严重程度。这种从实体法认识向程序法的扩展,带来了《法国民事诉讼法》规制恶意诉讼行为的直接规定。《法国民事诉讼法》在其诉讼法第二编诉权篇中规定:以拖延诉讼方式,或者以滥诉方式进行诉讼者,得科处100法郎至10,000法郎的民事罚款,且不影响可能对其要求的损害赔偿;[5]在其第三副编非常上诉途径篇中规定:提出上诉以推迟诉讼为目的,或者滥行上诉,对上诉人科处100法郎至10,000法郎之罚款,且不影响请求受理上诉的法院判处损害赔偿。[6]

日本的立法深受德国、法国两国的影响,应对程序法中出现的恶意诉讼行为,同样经历了诚实信用原则从实体法过渡到程序法的过程。同德国学者一样,日本诉讼法学界也试图从实体法中寻求规制恶意诉讼行为的法理依据,但是日本民法中并没有相关的规定,只能试图将日

---

[1] 参见张晓薇、陈刚:《滥用诉讼权利行为的法律规制》,载陈刚主编:《比较民事诉讼法》(2001年卷~2002年卷),中国人民大学出版社2002年版,第5页。

[2] 参见《法国民法典》(下册),罗结珍译,法律出版社2005年版,第1073页。

[3] 参见沈达明编著:《比较民事诉讼法初论》,中国法制出版社2002年版,第250页。

[4] 参见[法]让·文森、塞尔日·金沙尔:《法国民事诉讼法要义》(上),罗结珍译,中国法制出版社2001年版,第124页。

[5] 参见《法国民法典法国民事诉讼法典》,罗结珍译,国际文化出版公司1997年版,第476页。

[6] 同上书,第562页。

本民法第1条中规定的有关权利行使的基本原则[1]运用到诉讼领域，这一倡导于1959年日本高等法院中的一个判例中得到体现。同时，日本学者认为恶意诉讼行为的实施是程序法领域权利滥用的体现，是对信义的违背。[2] 诚实信用原则和禁止权利滥用在实体应用上是可等值互换的，程序法亦然，由此在诉讼法中亦可规定诚实信用原则。1890年的《日本民事诉讼法》并没有规定诚实信用原则，也没有关于诉讼权利滥用的字眼，旧的诉讼法的内容分别体现在第139条“驳回延误时机的攻击防御方法”、第317条“妨碍对方当事人使用文书的效果”、第382条第2款“制裁滥用控诉”。[3]《日本民事诉讼法》于“二战”后开始修改，现行《日本民事诉讼法》为1996年颁布的版本。《日本民事诉讼法》第2条明确规定了法院有保障诉讼公正迅速的义务，当事人有遵守诚实信用原则进行诉讼的义务。[4] 旧诉讼法中关于违反诚实信用原则进行诉讼的规定均保留在新的立法中。此外在应对自身权益因他人诉讼而遭受损失的情形时，新《日本民事诉讼法》鼓励的是让受侵害的当事人主动参与他人诉讼的方式来防止自身权益因他人的诉讼而受到侵害。根据该法第47条的规定，主张由于诉讼结果而使其权利受到损害的，或主张诉讼标的的部分或全部属于自己权利的第三人，可以作为当事人参加诉讼。在这个诉讼中的对方当事人可以是前诉的一方或双方当事人。同样，日本的立法也不排除受侵害人寻求实体的救济，遭受损害者即便因存在可以提请再审的事由而提起再审，也不妨碍其可以通

---

〔1〕《日本民法典》第1条规定：〔基本原则〕权利必须适合公共福祉；权利行使及义务履行必须遵守信义，以诚实为之；权利不许滥用。

〔2〕参见[日]兼子一、[日]竹下守夫：《民事诉讼法》，白绿铉译，法律出版社1995年版，第81页。

〔3〕参见白绿铉编译：《日本新民事诉讼法》，中国法制出版社2000年版，第310～349页。

〔4〕同上书，第32页。

过独立的诉讼请求来要求因权利受到侵害的损害赔偿。[1]

除前文描述的立法之外,《西班牙民事诉讼法》第11条作出了关于遵守诚实信用原则的规定,并强调直接或间接破坏该原则取得的证据将被排除,法庭对破坏该原则的行为可以否定。[2] 可见大陆法系对恶意诉讼行为的研究大多集中于对诚实信用原则的违背。以违背诚实信用原则作为恶意诉讼行为应当受到法律规制的诱因具有独特的价值。一方面体现在其功能的独特性上。从该原则的起源来看,诚实信用原则源于罗马法的主观诚信和客观诚信,主观诚信是适用于实体法领域的诚信,指的是当事人不知或确信自己权利未受到他人侵害的心理状态;客观诚信反映的是诉讼法领域的诚信,指的是当事人行使诉讼权利履行诉讼义务的行为受到诚实信用的约束,以使纠纷的解决符合正义要求。[3] 将私法领域的诚实信用原则导入诉讼领域,在程序运行上既实现了道德与法的有机结合,又体现了公法与私法的资源共享,在弥补法律条款适用僵化,实现对恶意诉讼行为规制的灵活性上,这样的导入所起的补充功能是显而易见的。[4] 诚实信用原则对法律适用起到补充功能的另一层面含义即扩大了法官审判的裁量权。被扩大的裁量权在应对新类型的案件以及恶意诉讼行为展现的诸多侵害时,为法官提供了扩权运作的手段。[5] 另一方面体现在其具有其他民事诉讼原则不可替代的地位。对等与平等原则体现的是当事人诉讼地位上的公平正义,辩论原则与处分原则注重的是当事人与审判主体之间地位的公

---

〔1〕 参见[日]高桥宏志等:《民事诉讼法——制度与理论的深层分析》,林剑锋译,法律出版社2003年版,第586页。

〔2〕 参见张晓薇:《滥用诉讼权利之比较研究》,载《比较法研究》2004年第4期。

〔3〕 参见徐国栋:《民法基本原则解释:诚实信用原则的历史、实务、法理研究》,北京大学出版社2013年版,第97页。

〔4〕 参见刘荣军:《诚实信用原则在民事诉讼中的适用》,载《法学研究》1998年第4期。

〔5〕 参见梁慧星:《民法解释学》,中国政法大学出版社1995年版,第302页。

平正义,但这些原则所涉及的内容均只能侧重突出民事诉讼中的某一个方面,相较诚实信用原则而言不够全面。作为民事诉讼原则之一的诚实信用原则,不仅对诉讼主体之间提出了基本的规范性要求,从其内容上看,亦是对其他原则内容进行了补充与限制。[1] 诚实信用原则作为诉讼行为与审判行为合法与效能的体现,对民事诉讼中当事人自主性与自助性进行了干预和限制。当事人在诉讼中不得肆意行使自己的处分权滥用法律赋予的权利。

2. 英美法系的研究现状

英美法系国家在应对恶意诉讼行为方面的立法与大陆法系国家有类似之处,都是由一项可以贯穿法律部门的原则为出发点的。稍有不同的是,大陆法系是通过实体法中诚实信用原则向程序法的扩张进行规制的,而英美法系的立足点在于程序的正当性要求;从正当程序理念出发,汇以程序权利和实体权利行使的正当限度,集合而成的诉讼程序正当使用的客观要求。按照大法官柯克的解释,英国最早出现的关于正当程序思想见于1215年《自由大宪章》的第39条,[2] 其内容规定了遵守国王法律或未经贵族合法判决之外,任何人不被逮捕,剥夺财产,被宣布不受法律保护。[3] 真正记载运用正当程序一词进行表述的法律文件出现在爱德华三世时代,《自由大宪章》中的程序正义原则于1350年被重申,在1354年英国国会通过的《伦敦威斯敏斯特自由令》中以"正当法律程序"的用语表达:"未经法律的正当程序进行答辩,对任何财产或身份的拥有者一律不得剥夺其土地或住所,不得逮捕或监禁,

[1] 参见王福华:《民事诉讼诚实信用原则论》,载《法商研究(中南政法学院学报)》1999年第4期。

[2] 参见管宇:《程序正义现代进路》,载《政法论坛》2008年第5期。

[3] 参见董国强:《英国自由大宪章的性质及其历史作用》,载《政法论坛》1982年第3期。

不得剥夺其继承权,或剥夺其生存之权利。"[1]

上述正当程序的自然正义思想体现在英国程序法上形成了"无令状则无权利"的普通法原则,令状地位的无可替代性促成了英国程序之上的法律传统,不同的诉讼请求适用于不同令状对应的诉讼程序,当事人如若违反这一原则,错误诉讼,滥用诉讼程序的行为,则其请求也将被法院驳回。[2] 这也产生了《英国最高法院诉讼规则》第18条r19(b)的相关规定,也就是法院应当撤销骇人听闻的、荒谬的、折磨人的诉讼文件。[3]《英国民事诉讼规则》第3.4条中规定了法院撤销案件声明的权力,法院可以撤销没有披露、起诉或参加答辩充分理由的声明,滥用法院诉讼程序或可能阻碍程序公正进行的声明,当事人不遵守英国民事诉讼规制、法院指引或法院命令的声明。诉讼声明被撤销的后果会导致原告被法院责令向被告支付诉讼费用;并且在原告支付相关诉讼费用前,若其再次以同一事实同一理由向被告提起诉讼的,法院将中止新诉讼的进行。[4]

从实体法方向观察,英国普遍认同的两种恶意民事诉讼侵权行为包括:指控破产和指控资不抵债的诉讼。在此之外,英国学者还认为"恶意导致执行原告的财产""恶意和无根据的民事诉讼"也是恶意诉讼行为侵权的表现;1981年,英国实务界通过最高法院法令第42节授予法院限制"持久麻烦的诉讼活动"。[5]

与英国类似,自然法思想中的正当程序原则同样给美国的立法带来了深远的影响。与英国将该原则作为普通法产物的做法不同,作为

---

[1] 周佑勇:《论英国行政法的基本原则》,载《法学评论》2003年第6期。

[2] 参见章剑生:《从自然正义到正当法律程序——兼论我国行政程序立法中的"法律思想移植"》,载《法学论坛》2006年第5期。

[3] 参见沈达明编著:《比较民事诉讼法初论》,中国法制出版社2002年版,第247页。

[4] 参见《英国民事诉讼规则》,徐昕译,中国法制出版社2001年版,第13页。

[5] 参见徐爱国:《英美法中"滥用法律诉讼"的侵权责任》,载《法学家》2000年第2期。

成文宪法国家的美国,该自然法原则被《美国宪法修正案》的第 5 条和第 14 条中广义的正当法律程序概念所吸纳,成为该原则通过实体法落实和保障的基本媒介。[1] 美国宪法的表述与英国宪法性文件中的表述极近类似,主要强调对公权的限制,同时主张对公民人身、自由、财产的平等保护。[2] 在美国学者罗尔斯的正义理论体系中,除纯粹的程序正义之外,完全的程序正义和不完全的程序正义都与结果的正义密切相关。[3] 这一理论思想旨在表明程序的重要价值,唤醒"重实体,轻程序"理论模式下对程序意义的关注。[4] 在司法环境中,任何对公民权益的剥夺或赋予都应当符合公平正义的价值观念,这也是应对恶意诉讼行为时所必然坚守的理念基础。

当事人恶意地运用司法程序将会侵害他人权益,使其自身的行为以及法院的审判均陷于非正当的状态,鉴于此种行为的发生,美国从实体法角度规定的救济方式采取的是赋予当事人请求侵权救济的正当性。《美国侵权法重述二》中归纳,在美国恶意诉讼行为分为三种类型:恶意刑事告发(Malicious Prosecution)、恶意提起民事诉讼(Malicious use of civil procedure)以及滥用诉讼程序(Abuse of process)。[5] 其含义指的是一方当事人以恶意的方式,在没有合法或合理的理由的情况下,使他人陷入民事或刑事诉讼程序当中,若恶意引发诉讼的一方败

---

〔1〕 参见[美]詹姆斯·安修:《美国宪法判例与解释》,黎建飞译,中国政法大学出版社1999 年版,第 145 页。

〔2〕 参见北京大学法学院司法研究中心编:《宪法的精神》,中国方正出版社 2003 年版,第 408 ~ 435 页。

〔3〕 参见[美]约翰·罗尔斯:《正义论》,何怀宏、何包钢、廖申白译,中国社会科学出版社 1988 年版,第 85 页。

〔4〕 参见丁玮:《美国宪法上的正当法律程序——一个历史的视角》,黑龙江人民出版社2007 年版,第 14 页。

〔5〕 See John Williams, *False Arrest, Malicious Prosecution, and Abuse of Procession § 1983 Litigation*, Touro Law Review, Vol. 20, p. 705(2004).

诉,另一方当事人可就此提起侵权损害赔偿之诉,要求对方为自己遭受的损失承担不利后果。这实质上是将恶意诉讼行为单纯地纳入了实体法的规制当中,使侵权人据此承担相应的侵权责任。[1] 在程序法方面,《联邦民事诉讼规则》第 11 条第 3 款中规定了律师提起诉讼时,应当依善意行事且具有充分根据,违反行为规定的应当接受制裁。[2]

综上可知,在英美法系,恶意诉讼行为既违背了程序正当的要求,又被定性为侵权行为。可见对于该违法行为的规制不仅应考虑其违背程序法的一面,还应从实体法角度制裁违法者,同时让受侵害者可以得到救济。在承担法律责任的主体方面,不应当局限于实施侵害的当事人,还需要将辅助实施该违法行为的其他主体列入否定性评价的范围。

### (三)国内研究的现状

对于恶意诉讼行为具体是什么,如何进行定性,并且如何通过立法来予以规制,学界和法律实务部门一直在探索。早年我国在讨论编纂《侵权责任法》(已失效)的过程中曾一度讨论是否将其作为一类独立的侵权行为进行立法。[3] 从侵权行为角度定性恶意诉讼行为的做法一直受到学界的追捧,从诸多具有代表性的学术成果中均反映出学者

---

〔1〕 See Leon I. Alexander, *Wrongful Attachment Damages Must Be Fixed in the Original Suit*, University of San Francisco Law Review. Vol. 4, p. 38(1969).

〔2〕 参见《美国联邦民事诉讼规则、证据规则》,白绿铉、卞建林译,中国法制出版社 2000 年版,第 26 页。

〔3〕 参见全国人大常委会法制工作委员会民法室编:《侵权责任法立法背景与观点全集》,法律出版社 2010 年版,第 127 页。

们的这一倾向。[1] 然而,2010 年实施的《侵权责任法》中并没有出现有关恶意诉讼行为作为侵权责任的规定,现如今的《民法典》亦未将此行为纳入侵权行为的认定范畴予以规制。

鉴于恶意诉讼行为并没有在我国民事实体法的规制中被固定,新《民事诉讼法》不仅描述了恶意诉讼行为的内容,同时规定了相应的程序性制裁。按照最高人民法院《关于适用〈中华人民共和国民事诉讼法〉的解释》(以下简称《民事诉讼法司法解释》)第 144 条的规定,法院在审理案件时发现当事人存在《民事诉讼法》第 115 条内容的情形,可适用民事诉讼强制措施;另外在《民事诉讼法司法解释》第 144 条和第 190 条第 2 款中分别规定了,在审理一般民事诉讼程序和第三人撤销诉讼程序时,发现当事人之间存在恶意串通的,适用《民事诉讼法》第 115 条关于民事诉讼强制措施中的处理方法。立法在要求违法者承担民事诉讼法律责任时主张的是法院主动适用的态度。这样的态度表现在对恶意诉讼行为的查明方面。对于恶意诉讼行为的查明,法律提出了较高的要求。按照《民事诉讼法司法解释》第 109 条的规定,对当事人存在欺诈、胁迫、恶意串通事实的证明标准,必须达到排除合理怀疑的程度。鉴于多数恶意诉讼行为发生在受侵害者没能参与的前诉中,受侵害者在举证方面存在较大难度。因此,立法规定当事人及其诉讼代理人因客观原因无法收集的证据,以及法院认为审理需要的证据,当事人及其诉讼代理人可以申请法院收集。司法解释对此处涉及的证据进行解释时明确提出,这部分证据可能涉及的内容包括:侵害国家、社会利

---

[1] 参见郭卫华:《滥用诉权之侵权责任》,载《法学研究》1998 年第 6 期;杨立新:《恶意诉讼的侵权行为》,载杨立新主编:《类型侵权行为法研究》,人民法院出版社 2006 年版,第 465 ~ 469 页;怀宇:《我国恶意诉讼侵权制度的构建》,载《法律适用》2009 年第 11 期;刘金波、吕军英:《论恶意诉讼侵权》,载《人民司法》2012 年第 1 期;潘牧天:《滥用民事诉权的侵权责任研究》,上海社会科学院出版社 2011 年版,第 86 页。

益，以及恶意串通损害他人合法权益。这样的规定正好契合了《民事诉讼法司法解释》第 190 条第 1 款规定的恶意诉讼行为侵害的权益。因此，在查明恶意诉讼行为时，法院对于证据的列举占据主导地位。因此，法院在查明恶意诉讼行为确实存在时，对其主动施以民事诉讼强制措施，是法院要求违法者承担民事诉讼法律责任的后果。

我国《民事诉讼法》中，针对案外第三人应对恶意诉讼行为所规定的救济手段，主要通过保障其参加诉讼的权利，以及事后救济两个方面构成。在没有第三人撤销诉讼之前，法律依第三人是否对诉讼中当事人双方的诉讼标的享有独立请求权，区分出有独立请求权的第三人和无独立请求权的第三人。依据 2007 年《民事诉讼法》第 56 条第 1 款的规定，对正在进行的诉讼程序中双方当事人争议的诉讼标的，第三人认为自己有独立的请求权时，可以提起诉讼。此时加入诉讼的当事人与原诉中的双方当事人处于对立的状态。依据《民事诉讼法》第 56 条第 2 款规定，若第三人认为正在进行的诉讼程序结果与自身具有法律上的利害关系，但其并不具有对案件诉讼标的的独立请求权时，可以通过申请的方式参与到这一正在进行的诉讼中；或者在法院通知的情况下参加到这一程序中。[1] 这里保障的是案外第三人参加诉讼的权利，只有在对诉讼充分参与的情况下才能更好地维护自身的权益。法律还赋予了有独立请求权第三人独立的上诉权利，以及无独立请求权第三人在判决需要承担法律责任时亦可以上诉的权利。

在事后救济方面，主要通过执行过程中的第三人救济，和案外人提起再审的救济两方面来保障第三人的权益。按照 2007 年《民事诉讼法》第 202 条的规定，利害关系人认为执行行为违法的，可以向法院以

---

〔1〕 参见全国人大常委会法制工作委员会民法室编：《中华人民共和国民事诉讼法条文说明、立法理由及相关规定》，北京大学出版社 2012 年版，第 467 页。

书面的形式提出异议。[1] 该法条被学者称为执行异议。另依2007年《民事诉讼法》第204条的规定,案外人对执行的标的存在异议的,同样可以以书面的形式对法院提出异议,并可能造成执行中止的结果。[2] 对于执行阶段的解决,案外人必须在执行行为终结前提出。在诉讼终结后,法律依旧赋予了案外人申请再审的权利,依照2008年最高人民法院《关于适用〈中华人民共和国民事诉讼法〉审判监督程序若干问题的解释》(以下简称《审判监督若干问题的解释》)第5条的规定,案外人就法院裁判确定的执行标的主张自身权利的,在无法另行起诉的情况下,可以就法院裁判生效后两年内或知道自身权益受损的三个月内申请再审。该内容被学者称为案外第三人申请再审之诉。[3]

2012年修订的《民事诉讼法》中增加了第三人撤销诉讼,由于立法的安排,第三人撤销诉讼的内容被规定在《民事诉讼法》第五章"诉讼参加人"的内容中。第三人撤销诉讼从其本质来看属于一种诉讼程序,而非诉讼参加人制度,其设立的目的和执行异议、执行异议之诉、案外人申请再审之诉一样,是第三人请求法院撤销、变更生效裁判对自身权益带来不利益的诉讼程序。除在应用具体的诉讼程序进行规制外,新《民事诉讼法》第13条还从法律原则上对民事诉讼程序的参与者提出了遵守诚实信用原则的要求。

在追究实体法律责任方面,虽然恶意诉讼行为没有被纳入《民法典》侵权编的调整范围,但立法规定了对刑事责任的追究。法院可以根据当事人情节的轻重运用民事诉讼强制措施对其进行处罚,对构成犯罪的还可依法追究刑事责任。关于恶意诉讼行为的刑事责任,

[1] 参见全国人大常委会法制工作委员会民法室编:《中华人民共和国民事诉讼法条文说明、立法理由及相关规定》,北京大学出版社2012年版,第504页。
[2] 同上书,第505页。
[3] 参见季蓉:《案外人第三人申请再审问题的研究》,载《河南警察学院学报》2011年第4期。

2015年颁布的《中华人民共和国刑法修正案(九)》(以下简称《刑法修正案(九)》)将恶意诉讼行为明确地列入了刑法的规制范围内。立法的操作是将《刑法》第六章第二节的第307条中增加一款内容,即规制捏造事实引发民事诉讼,妨害司法秩序或侵害他人合法权益的行为被《刑法》认定为恶意诉讼。学界对这一立法内容探讨时,多数认为该项立法的新增条款,是对虚假诉讼的刑法调整。[1] 2016年,最高人民法院颁布了《关于防范和制裁虚假诉讼的指导意见》,对虚假诉讼的构成要素,主要集中出现的案件类型,以及规制方法加以指导性说明。

我国司法实务中所表现出来的恶意诉讼行为方式,远超过现行程序法中两种形式的列举。仅为追求制裁行为正当性,而在立法中以完全列举的方式明确恶意诉讼行为方式的做法,并没有解决长期以来学界在针对恶意诉讼行为的认定上产生的分歧。因此,对于恶意诉讼行为的规制不应当限于现有法条中列举的类型,还应当考虑现阶段学者普遍呼吁的,在法律调整范围内增加一方当事人通过恶意诉讼行为侵害对方当事人的情形。[2]

## 二、研究的内容

在研究恶意诉讼行为的法律规制时,首先,需要明确的是恶意诉讼行为概念的具体内容。现有的诉讼法是对诉讼程序的详尽规定与指导,但并非完全可以通过自身规定来决定并解决纠纷。从另一个层面来说,恶意诉讼行为并非仅表现出对程序的违反,它更多的是在具有合

---

〔1〕 参见胡安琪:《虚假诉讼刑法规制及其完善——以〈刑法修正案(九)草案〉为视角》,载《山西农业大学学报(社会科学版)》2015年第7期。

〔2〕 参见肖建华:《论恶意诉讼及其法律规制》,载《中国人民大学学报》2012年第4期;宋朝武:《〈新民事诉讼法〉视野下的恶意诉讼规制》,载《现代法学》2014年第6期。

法诉讼行为的外观下，为追求不正当目的而选择使用诉讼程序的一种行为。由此，恶意诉讼行为的概念必须涵盖虚构事实提起诉讼，通过裁判结果形成新的纠纷的情形。同时，虚构事实提起诉讼，不应当单指恶意串通双方当事人提起诉讼的情形，还应当包括一方当事人虚构事实提起诉讼的情形。除以虚构的事实提起诉讼外，在原本具有诉的利益的情况下，当事人亦可以通过滥用诉讼权利来侵害对方当事人。这也正表明了对恶意诉讼行为的研究不仅应当考量程序规则适用的合法性，更应当分析程序推进的过程是否符合公平正义。对程序法的遵从只能满足立法对当事人诉讼行为合法性的要求，但这样产生的诉讼结果并非与公平正义的追求相一致。当事人实施的诉讼行为在形式上展现出来的合法性，并不能完全覆盖对诉讼行为公平正义、诚实守信的结果性评价。由此，恶意诉讼行为的概念还必须涵盖诉讼中的非诚信行为。

其次，需要明确的是实施恶意诉讼行为的主体具体包括哪些。当事人之所以恶意串通提起诉讼，利用的是第三人对程序参与的缺位。即第三人因未得到充分的程序保障，未能及时参与到诉讼过程中，因此丧失了维护自身权益进行辩论的诉讼权利。而应用第三人未曾参与程序的结果约束第三人，正是该类恶意诉讼行为的最终目的。一方当事人虚构事实提起诉讼，利用的是虚假证据对裁判的影响，即试图通过虚假的事实描述使法官产生认识错误，从而作出错误的裁判。此外，还可以是通过程序手段，阻碍诉讼程序的推进，进而阻碍纠纷的解决。因此，分析当事人实施恶意诉讼行为，需要以当事人行为手段的不同类型为基础展开论述。除当事人外，其他诉讼参与人也可以参与实施恶意诉讼行为。基于恶意诉讼行为发生在诉讼进行的过程中，较一般的违法行为而言更加具有专业性，因此，律师作为委托代理人时与其之外的其他诉讼参与人相比，具有组织教唆的可能性更大，遂需要与其之外的其他诉讼参与人分开讨论，从专业性的角度再进一步分析。法官和律师相比，同样具备组织教唆恶意诉讼行为的专业知识，因此，在讨论法官成为恶意诉讼行为实施主体时，需以其是否利用职权导致恶意诉讼行为背后的不法追求得到实现为标准，有区别地进行论述。

再次，对于恶意诉讼行为产生的法律责任，需要从产生法律责任的恶意内容入手，以现有立法及立法过程中涉及的法律责任为背景加以研究。从诉讼法律责任、侵权责任、刑事责任三个不同角度，探讨该违法行为具体的法律责任。再通过分析我国现有的规制手段，通过分析各规制办法自身存在的不足寻求需要完善的途径。

最后，在完善恶意诉讼行为法律规制时，需要从程序法规制和实体法规制两个角度分别探讨。在程序法规制方面，以立案阶段为出发点来探讨恶意诉讼行为的预防机制。对于诉讼中出现的诸多非诚信行为，不能因噎废食而一律禁止或限制，同时不能因为过度审查导致对当事人诉讼权利的限制。基于我国诚实信用原则在程序法领域规定得过于宽泛，遂需要通过完善该原则具体适用的方式来应对诉讼中的非诚信行为。对于第三人在程序法方面的救济机制，则需要从保障事前的参与，强化事后的救济以及各救济程序间的协调和应用来进行完善。在实体法规制方面，需要明确侵权责任在规制恶意诉讼行为时的适用范围，不可将侵权责任泛化。同时，对于需要追究侵权责任的情形，应加强对侵权责任赔偿范围的认定。对于追究刑事责任的完善，可以主要集中在惩罚该违法行为的罪名适用方面进行论述。

## 三、研究的方法

本书采用的研究方法包括：法解释学研究方法、社会学研究方法、比较分析的方法和利益平衡的方法。

以法解释学研究方法解释恶意诉讼行为的概念，通过寻求概念核心的方法概括该违法行为实质内涵。通过与其他被混用概念的辨析，厘清诸多概念指向的概括重点。从而可以总结出现有的各概念之间的逻辑关系。在辨析概念的基础上进行论述，可以避免因概念混用带来的对恶意诉讼行为称谓理解上的混乱。

应用社会学研究方法解释恶意诉讼行为可以发现，该违法行为产生的根源在于社会规范与个人自由之间的矛盾。人们在应用社会规范寻求自身权益维护的同时，可能应用社会规范的救济侵害他人合法利益。通过解构的方法分析恶意诉讼行为的结果可以发现，该违法行为带来的后果主要包括“创设原程序审查之外的新纠纷”和“阻碍具有实质纠纷的诉讼程序进程”。对于前者需要规制的主要内容在于新纠纷带来的影响，对于后者需要规制的主要内容在于如何推进诉讼的进程，增加对既有纠纷解决的效率。

在规制方法上，采用比较分析的方法，通过对现有诸立法例的分析，寻求适合我国规制恶意诉讼行为的方法。同时，可以发现该违法行为，因我国立法较其他立法例的不同而表现出来的独特的侵害成分。从我国现有规制方法的体系解释中，寻求针对该违法行为的具体规制办法。

还需要注意的是，恶意诉讼行为表现出来的是对现有社会规范的不当利用，但多元化地应用社会规范寻求自身权益的救济也存在积极的一面。不可因害怕被滥用而选择过度地限制。因此，需要做到利益的平衡。在甄别诉讼程序中存在的阻碍纠纷解决的行为并加以规制时，尚需要考虑作为该项行为基础的诉讼权利是否得到充分保障。

# 第一章 恶意诉讼行为概述

## 第一节 恶意诉讼行为的概念

### 一、学界的主流观点

在我国，对恶意诉讼行为规制的研究，无论是从实体法角度还是程序法角度，都是一项津津乐道的研究课题。在程序法角度出发的研究当中，汤维建先生于 2002 年发表的《恶意诉讼及其防治》是对该课题研究较为全面和权威的开山之作。文章开篇从恶意诉讼与错误诉讼的区别出发，认定恶意诉讼具有主观上的恶意，并将其内容定义为以故意为主观过错要件而提出的，在法律和事实上均没有根据的诉讼；认为恶意诉讼是将法律程序视作侵权工具的行为，其侵害的利益具有多元性。文章力求类型化恶意诉讼行为，将其总结为欺诈性诉讼、骚扰性诉讼、轻率性诉讼、多余性诉讼、重复性诉讼和琐碎性诉讼六个种类。[1] 在此之前的文章和著作中提及恶意诉讼行为问题时，多以"民事诉权滥用"为题。其中郭卫华先生于 1998 年发表的《滥用诉权之侵权责任》较

〔1〕 参见汤维建：《恶意诉讼及其防治》，载陈光中主编：《诉讼法理论与实践》（下），中国政法大学出版社 2003 年版，第 331～335 页。

有代表性,文章以滥用诉权的实践行为为基础,讨论滥用诉权的危害。与汤维建先生不同的是,该文将滥用诉权的主观过错认定为故意或相当于故意的重大过失。文章同样将滥用诉权的行为进行类型化,总结为滥用起诉权、滥用反诉权、滥用申请财产保全、申请先予执行、申请回避、申请强制执行权、滥用上诉权、滥用申诉权等种类。[1] 从民事诉讼权的正当行使为出发点的专著还有江伟先生等主编的《民事诉权研究》。[2]

在相关的实体法研究当中,杨立新先生在其所著的《类型侵权行为法研究》一书中做了较为详尽的分析。他认为,恶意诉讼行为的实施者是诉讼的启动者,以及诱使他人提起诉讼,或积极参与、推动诉讼者;即所有的当事人及诉讼参与人都有实施恶意诉讼行为的可能;实施行为的方式表现为提起、持续或阻碍诉讼程序进行;受害者包括当事人及案外第三人。[3] 多数实体法学者对恶意诉讼行为的研究主要集中在提倡将此作为侵权行为的一种类型,并将此纳入我国《民法典》制定的侵权有关篇章当中。[4]

## 二、概念的构建方法

从前文关于恶意诉讼行为在司法规范中的具体描述,以及我国学者从实体法和程序法两个角度总结的观点中可以得出的结论是,恶意诉讼重点强调的是当事人主观上的恶意,并且追求诉讼程序外的不法

---

〔1〕 参见郭卫华:《滥用诉权之侵权责任》,载《法学研究》1998 年第 6 期。

〔2〕 参见江伟、邵明、陈刚:《民事诉权研究》,法律出版社 2002 年版,第 344 页。

〔3〕 参见杨立新:《恶意诉讼的侵权行为》,载杨立新主编:《类型侵权行为法研究》,人民法院出版社 2006 年版,第 465 ~ 469 页。

〔4〕 参见王利明:《中国民法典学者建议稿及立法理由:侵权行为编》,法律出版社 2005 年版,第 75 页;梁慧星主编:《中国民法典草案建议稿附理由——侵权行为编 · 继承编》,法律出版社 2004 年版,第 54 页。

目的,其外化并表现出来且可直接被观察到的内容则是民事诉讼行为。在总结恶意诉讼现象并研究针对其的规制方法时,实质上需要考察的是一项具有恶意的诉讼行为。在诉讼环节,立法只规制双方当事人恶意串通的情形,对一方当事人进行恶意诉讼行为并未加以规定。此外,就允许受侵害方寻求实体救济,并提出独立诉讼的情形而言,只规定了执行环节被执行人与案外人恶意串通给申请执行人带来损失的情形。可见,现有立法中对恶意诉讼行为的规定仅限于恶意串通的情形。然而现实中存在的恶意诉讼行为并非仅限于恶意串通的情形,一方当事人恶意侵害对方当事人的情形亦应当受到法律的规制。在这样的认知模式下,走出定性化思维中企图运用单一概念解释恶意诉讼行为全部内容的思路,通过寻求核心性概念为主导,拼接概念外围性内容的方式认知该违法行为显得尤为重要。

法律概念并非永恒不变,在受到特定时空条件下不同因素的影响时,每一项法律概念在提出后都将表现出其具有局限性的一面。[1] 正如哈特所言:“语词必定有一个确定的意义中心和有争议的阴影地带。”[2]哈特认为,“把特殊情况纳入一般规则时,任何东西都不能消除具有确实性的中心和值得怀疑的阴影,这使得所有规则都伴有模糊的边缘或‘开放结构’”[3]。由此,可以把这里不确定的法律概念理解为是由一个确定的概念核心和或多或少广泛不清的概念外围组合而成的,具有流动特征的法律概念。[4] 恶意诉讼行为这个概念同样需要符

---

〔1〕 参见沈宗灵:《对霍菲尔德法律概念学说的比较研究》,载《中国社会科学》1990 年第 1 期。

〔2〕 [英]H. L. A. 哈特、翟小波、强世功:《实证主义和法律与道德的分离(上)》,载《环球法律评论》2001 年第 2 期。

〔3〕 [英]H. L. A. 哈特:《法律的概念》,张文显等译,中国大百科全书出版社 1996 年版,第 123 页。

〔4〕 参见陈清秀:《依法行政与法律的适用》,载翁岳生编:《行政法》(上册),中国法制出版社 2002 年版,第 225 页。

合这种规律。在一个诉讼程序中,当事人或其代理人在明确自己诉讼权利的基础上,很有可能因为利益的驱使或为达到不法的目的而滥用这些权利。因此,无论是欺诈性诉讼、骚扰性诉讼、轻率性诉讼、多余性诉讼、重复性诉讼和琐碎性诉讼的描述,抑或滥用诉讼权利的归纳总结,再或者是利用诉讼程序侵害实体权利的归纳,均需要从诉讼行为入手进行考察。因此,该违法行为概念的核心,即是主观恶意支配下的诉讼行为。

诉讼行为曾一度被认为是法律行为在诉讼领域的一种延伸。在诉讼法从实体法中分离出来的历史背景下,诉讼行为逐渐被学者所重视。按照学者总结的德国关于诉讼行为的通说表明,当事人所实施的行为从要件和效果上均可被诉讼法中的规定所概括时,则当事人实施的是一项诉讼行为。[1] 这样的定义只有在当事人的行为既产生诉讼法上效果又产生实体法效果时才会被认为存在歧义。随着二元论诉讼观的提出,在具体诉权说的解释下,诉讼行为被解释为民事诉讼之主体所实施的受诉讼法所调整能够引起诉讼上法律关系产生、变更和消灭的效果,同时可能引发私法上效果的行为。[2] 因此,在对恶意诉讼进行研究时,需要构建一项可以全面概括其内容,同时要表现出其本质属性的概念。这样便要求在构建法学概念时,从诉讼程序的角度考察恶意诉讼的诸多情形,亦要求从救济的角度连同其所产生的实体效果一并考虑。通过恶意诉讼行为这样一个称谓来概括,既可以保证字面意思上突出诉讼角度进行观察的效果,又可以通过对诉讼行为的解释引发对其侧面产生的实体效果进行考察,并最终寻求配套的规制方法。

---

〔1〕 参见廖永安、崔峰:《当事人诉讼行为与民事法律行为关系考》,载《法律科学(西北政法学院学报)》2004 年第 1 期。

〔2〕 参见邵明:《民事诉讼行为要论》,载《中国人民大学学报》2002 年第 2 期。

## 三、恶意诉讼行为的内涵

法治作为社会运行的基本保障，在助推经济发展的同时增强了民众运用法律维护自身权益的意识。随着人们法律意识的不断加强，运用司法程序解决民事纠纷已成为一种常态选择，对于程序中权利的行使更是当事人自由意志的体现。E. 博登海默说："在一个正义的法律制度所必须予以充分考虑的人的需求中，自由占有一个显要的位置。要求自由的欲望乃是人类根深蒂固的一种欲望。整个法律和正义就是以自由观念为核心建构起来的。"[1]从我国现阶段对民事程序的立法改进来看，在维护司法正义的同时，更大的程度上是被要求保障当事人在司法程序中权利行使的自由；然而伴随维权意识强化和个人自由欲望在纠纷解决程序上的彰显，随之产生的是人们日益增长的司法程序应用需求同立法滞后性之间的矛盾。恶意行使诉讼权利，利用现行民事纠纷解决机制来进行欺诈性诉讼或拖延纠纷解决，以此来损害对方或第三人利益的现象也时有发生。集体可以一定程度内创造范畴并定义相关概念，由此汇集成法律，但是集体无法营造出没有犯罪违法行为存在的社会。社会组织已知的基本条件必然会导致犯罪，这也说明犯罪是正常的。诉讼程序是法律对社会问题解决的出口，既然任何社会中犯罪与不道德是正常的，那么利用诉讼程序进行不道德的行为也是正常的，所以可以总结出恶意诉讼行为的产生并非某一时代的特定产物，它是社会中不道德的正常存在，只是这次的不道德所运用的手段中包含了诉讼程序。因为作为社会规范的诉讼程序在此被不法地利用以追求侵害目的。

走出定性思维构建恶意诉讼行为概念，首先要排除的是在甄别恶

---

〔1〕［美］E. 博登海默：《法理学：法律哲学与法律方法》，邓正来译，中国政法大学出版社1999年版，第278页。

意诉讼行为上,以法条为基本,采取全有或全无的态度,在其限定的范围内进行规制。虽然这样做并无不妥,但是哈特认为,规则的开放结构是具有优越性的,这样使法律规则应用时具有弹性。[1] 正是由于法律的规定无法详尽地概括所有的恶意诉讼,因此将概念的重心放在对诉讼行为的强调,以诉讼行为兼具程序效果与实体效果的属性可以更好地概括这样一种违法行为既存损害司法权威的程序效果,又有诉讼外观之外当事人在实体权利方面的不法追求。由此概括出来,恶意诉讼行为指的是一方或双方当事人在主观恶意支配下,实施违背诚实信用原则的诉讼行为,其目的是通过对司法程序的不当利用,达到损害对方当事人利益、案外人利益乃至社会公共利益的不法目的。

## 第二节　相关概念的辨析

概念是解决法律问题所必需的工具,没有限定严格的专门概念,我们便不能清楚和理性地思考法律问题。然而在一定逻辑关系下,排列各词汇组合而成的法律概念,却会因为描述概念用的语言无法完全概括法律中所追求的价值,而显得不够精确;哪怕所用词汇极尽完善且具有高度识别性,但一些词语间的细微差异也会导致对法律概念归纳的不全面。[2] 从研究成果来看,我国对恶意诉讼行为的研究并未达到完善,新近立法的出台也并未做到对该行为进行准确的概念阐释。由此,总结我国学界对该行为的认知以及如何规制的理解并从现有概念的争

---

〔1〕 参见[美]布莱恩·比克斯:《法律、语言与法律的确定性》,邱昭继译,法律出版社2007年版,第8页。

〔2〕 参见[美]E. 博登海默:《法理学:法律哲学与法律方法》,邓正来译,中国政法大学出版社1999年版,第485~486页。

议中寻求各理念之间的逻辑关系，从而可以更好地理解恶意诉讼行为的概念范围。

## 一、概念混用的现状

我国现有文献中对恶意诉讼进行描述的语言略显杂乱，存在概念混用的现象。依据法学界较有影响的几家报刊媒体中涉及该违法行为的报道可以发现，[1]有用“恶意诉讼”进行概括描述的，[2]有用“虚假诉讼”进行概括描述的。[3] 观察这些文献产生的时间顺序不难发现，以“虚假诉讼”为描述的文献时间排序更靠后，这主要是因为《刑法修正案（九）》中将捏造事实进行民事诉讼的行为入刑规制的原因，但同样该条罪名的名称及其规定内容也引发了不小的争议。从这些文献中进行总结不难发现，概括性描述的语言不同，针对概念的理解也不同。以“虚假诉讼”为描述的内容表达比较一致，对文献中列举的案件进行考察可以发现，采纳此类描述的撰稿者所选取的案例均属于当事人之间恶意串通侵害第三人利益的案情。但以“恶意诉讼”为描述内容的文献中选取的案例既有当事人双方以恶意串通为手段的案情，又有当事人

---

〔1〕 基于法律的指引作用和教育作用，相对于学术期刊而言，主流媒体的言论更容易为民众所接触，因而其形成的认识上的影响会更加深远，所以此处研究考察的选择对象是大众媒体。这样的研究对象的选择也是为了呼应上述在考察国外概念描述时选取辞典为研究对象的做法。

〔2〕 参见李爱伟、冯海玲、杜娜娜：《惩防并举遏制恶意诉讼——山东省潍坊市奎文区人民法院关于恶意诉讼案件的调研报告》，载《人民法院报》2012 年 1 月 12 日，第 8 版；李莉：《规制恶意诉讼净化司法空间——西安法院“恶意诉讼的识别与治理”研讨会综述》，载《人民法院报》2010 年 6 月 23 日，第 5 版。

〔3〕 参见卢金增、张卫清：《山东阳信：破解虚假诉讼“监督难”》，载《检察日报》2015 年 9 月 14 日，第 2 版；范跃红、林非凡：《搞虚假诉讼的“聪明人”栽了——浙江去年移送涉嫌虚假诉讼刑事犯罪线索 114 件》，载《检察日报》2014 年 2 月 24 日，第 1 版；杜万华、韩延斌、张颖新等：《建立和完善我国民间借贷法律规制的报告》，载《人民司法》2012 年第 9 期。

单方采取的"缠讼",以炒作为手段的案情。[1] 诸多的文字描述中还可以总结出行文者想要表达的主要观点主要集中于诉讼过程中权利被滥用,因此,也存在"滥用诉讼权利""滥用诉权"的表述。对概念的运用,表达的是作者对案情理解的立场,但各式概念的出现也为法律的解释带来了较大的难度,因而在对恶意诉讼进行定性并予以规制时,也会体现出是否规制、规制手段以及规制范围的不确定。因此,非常有必要总结出一个行之有效的概念,来概括司法实践中出现的违法现象,并通过对概念内涵的剖析总结出上述诸概念之间的逻辑关系,做到对该类违法行为的统一理解。

## 二、相关概念的侧重点

### (一)虚假诉讼

虚假诉讼,是指当事人双方为了获取非法利益,虚构案件事实以及民事法律关系,以伪造的证据向法院提起诉讼,试图通过获取法院的判决书、裁定书、调解书,来侵害他人合法权益的行为。[2] 虚假诉讼的表述源于我国司法实践,该问题最早以诉讼欺诈的形式被学界讨论。[3] 诉讼中的欺诈有别于民事的欺诈,主要强调的是双方当事人在诉讼前合谋共同欺诈法院骗取裁判结果的行为。而民法上的欺诈则是一方当事人虚构某一事实诈骗他人财产,即使被动地进入诉讼环节亦是为了

---

〔1〕 参见李爱伟、冯海玲、杜娜娜:《惩防并举遏制恶意诉讼——山东省潍坊市奎文区人民法院关于恶意诉讼案件的调研报告》,载《人民法院报》2012年1月12日,第8版。

〔2〕 参见李浩:《虚假诉讼中恶意调解问题研究》,载《江海学刊》2012年第1期;参见浙江省高级人民法院《关于在民事审判中防范和查处虚假诉讼案件的若干意见》,长沙市中级人民法院《关于防范和治理虚假民事诉讼行为的若干意见》,西宁市中级人民法院《关于防范和查处虚假民事诉讼行为的若干意见(试行)》。

〔3〕 参见任重:《论虚假诉讼:兼评我国第三人撤销诉讼实践》,载《中国法学》2014年第6期。

证明自己与相对人之间存在对自己有利的法律关系，其行为与诉讼欺诈的主要区别在于欺诈所指对象是相对人而非法院。[1] 鉴于我国新《民事诉讼法》的出台，从其中第115条的规定中可以看出，虚假诉讼所形成的是基于双方当事人、法院以及案外第三人的四方法律关系。[2] 这与传统诉讼中双方当事人与法院的三方法律关系具有显著的区别。三方关系中当事人双方的权利义务关系在现有立法中均被规定得比较详细，可以说现有的民事诉讼立法主要是以此为基础而构建的较为完整的法律体系，且由于都参与到诉讼程序的进行过程，具有充分的程序保障。而在四方法律关系当中，案外人由于缺失了对程序的参与，并不能对自己的权利进行主张，同时丧失了程序的保障。虚假诉讼的概念表达意旨在于明确上述四方法律关系的存在。虽然在前诉的恶意串通的虚假诉讼中，双方当事人实施了《民事诉讼法》第114条中规定的捏造事实伪造证据的不法行为，不可否认的是他们之间的行为在法院作出裁判的情况下，已经形成了一项民事诉讼法律关系。也正是在肯定虚假诉讼存在的前提下，案外人才可通过《民事诉讼法》第59条第3款规定的第三人撤销诉讼来维护自己的合法权益。相较于其他关于恶意诉讼行为概念的表述，虚假诉讼的概念内涵较小，其内容也相对明确，其出发点是当事人双方恶意串通虚构实体法律关系而形成的诉讼。

### （二）滥用诉权和滥用诉讼权利

以权利被滥用为内容考察，在《元照英美法词典》中可觅踪迹的表述有三种："滥用民事诉讼程序"（abuse of civil proceedings）"滥用诉讼程序"（abuse of process）"恶意滥用民事诉讼程序"（malicious abuse of civil proceedings）。上述三个概念均是以英美法为背景，从恶意诉讼以

〔1〕 参见于海生：《诉讼欺诈的侵权责任》，载《中国法学》2008年第5期。

〔2〕 参见张卫平：《第三人撤销诉讼程序》，载《人民法院报》2011年8月31日，第7版。

侵权行为的定性角度为基础进行的表述。各概念在语句的表述上也极其近似,均指恶意不正当地利用了常规的诉讼程序。但究其各概念细节却又可发现其表达的侧重点略有不同,第一个概念以英国法为背景,强调为了对他人侵权而提起的诉讼,所述损害包括人身自由、财产、声誉的损失;第二个概念强调程序滥用者的目的是从对方当事人处获益;第三个概念主要描述的是对财产权的无理主张不仅会使原告败诉,还会使其败诉的责任范围扩展到诉讼费用外的其他损失。[1] 在大陆法系的德国,对程序上权利滥用禁止的基础主要是《德国民法典》中关于诚实信用义务以及禁止恶意的规定,并被主流观点归纳为四个种类:法律状态的欺诈;当事人违反诉讼程序或诉讼外行为的欺诈;救济手段的丧失;程序救济手段整体上的滥用。[2] 可以看出,因为侧重点的不同,各语言表述之间倾向的规制范围也有所不同。从上述外国立法例中可以发现,在程序领域权利的滥用是以实体法上的权利滥用为基础演化而来的,其关键还在于权利的滥用必须得到法律在一定程度上的规制,然而在规制角度上却又存在究竟是从程序角度规制还是实体角度规制,抑或两方面均可规制。

我国学界将诉讼法上权利的滥用归纳为"滥用诉权"和"滥用诉讼权利"两个类别。这两个类别的主要区别在于诉权和诉讼权利的区别。诉权存在于诉讼发生之前,是一项请求法院作出司法裁判的权利;与之有本质区别的诉讼权利发生在诉讼进行的过程当中,是当事人为了诉讼展开而行为的权利根源,二者分属程序内外且功能各有不同。[3] 滥用诉权具备两重含义:一是对起诉权或反诉权的滥用;二是提出的诉讼

---

〔1〕 参见薛波:《元照英美法词典》,北京大学出版社 2013 年版,第 9、887 页。

〔2〕 参见[德]博克哈德·汉斯:《德国和奥地利的程序滥用制度》,张艳译,载陈光中、江伟主编:《诉讼法论丛》(第 6 卷),法律出版社 2003 年版,第 730 页。

〔3〕 参见张培:《民事诉权滥用界说》,载《湖北社会科学》2012 年第 1 期。

请求是明显没有事实依据的。这里强调的是当事人的诉权在受到承认与保护的同时,应当受到法律的限制,权利——滥用——处罚滥用者、保护受害者的逻辑也由此顺理成章地产生了。[1] 滥用诉讼权利更多地表现在当事人在诉讼过程当中,如通过滥用异议权的手段来达到对诉讼程序的拖延。从法律关系产生的角度看,滥用诉权可能是双方当事人恶意串通形成一个虚假的诉讼,通过侵害案外第三人对程序参与的权利,从而追求诉讼外的不法利益;亦可能是一方当事人针对另一方当事人提出的无事实根据的诉讼。滥用诉讼权利则表现为诉讼过程当中一方当事人对另一方实施的程序上的侵害。

(三)侵权行为

关于能否将恶意诉讼行为直接认定为侵权行为,还需要从我国立法对侵权构成模式的选择中寻求答案。从大陆法系运用成文法的立法习惯观察,学界将侵权构成模式归纳为以《法国民法典》为典范的非限定性侵权构成和以《德国民法典》为典范的限定性侵权构成。[2] 其中,法国模式下关注的重点在于导致损害发生的事件,而非以受侵害者享有特定权利的边界是否会因他人的损害而被逾越,权利行使由此遭受阻碍或破坏为认定侵权行为的标准;[3] 德国模式设立的是一个"对受到法律保护之权益完全列举"[4] 的基本侵权行为条文。就我国《民法典》侵权编而言,对上述模式的选择尚有一定的认识分歧,通说观点以

[1] 参见张晓薇:《滥用诉权行为的法律规制》,载《求索》2004 年第 8 期。

[2] 参见姜战军:《侵权构成的非限定性与限定性及其价值》,载《法学研究》2006 年第 5 期。

[3] 参见张民安:《现代法国侵权责任制度研究》,法律出版社 2003 年版,第 57 页。

[4] [古希腊]克雷斯蒂安·冯·巴尔:《欧洲比较侵权行为法》(上卷),张新宝译,法律出版社 2004 年版,第 22 页。

该法第1165条[1]对侵权行为的一般性规定为依据,认为我国采取的是法国的非限定性模式,[2]亦有学者以《侵权责任法》第2条[3]为依据,认为此条文列举18项民事权利的做法是以“部分列举加兜底性条款”的方式概括绝对权的各个方面,展示了侵权法保护的客体,由此认定我国采取的是德国的限定性模式。[4] 将此两种观点依据的法条结合进行体系解释不难发现,在立法模式的选择上,我国采取折中的态度,既对侵害权益的边界进行了不完全的列举,又通过概括性的一般条款强调因过错行为而引发侵权责任的应当性。将恶意诉讼行为带入上述观点进行分析可知,在非限定模式当中,由于恶意诉讼行为因其最终目的的指向是侵害他人的民事权益,虽然手段方式利用了程序规制,但该行为符合侵权行为的目的,契合《民法典》侵权编的调整范围;在限定模式当中,当恶意诉讼行为侵害对象符合法律列举时,可当然地认定其为侵权行为,由此仅从该违法行为侵害民事权益的角度看将其定性为侵权行为的做法无可厚非。再考虑《民法典》侵权编中关于特殊侵权行

---

[1] 参见《民法典》第1165条规定:“行为人因过错侵害他人民事权益造成损害的,应当承担侵权责任。依照法律规定推定行为人有过错,其不能证明自己没有过错的,应当承担侵权责任。”

[2] 参见张新宝:《侵权责任一般条款的理解与适用》,载《法律适用》2012年第10期;葛云松:《〈侵权责任法〉保护的民事权益》,载《中国法学》2010年第3期。

[3] 现已修改为《民法典》第110条、第112条、第114条、第118条和第120条。其中,第110条规定:“自然人享有生命权、身体权、健康权、姓名权、肖像权、名誉权、荣誉权、隐私权、婚姻自主权等权利。法人、非法人组织享有名称权、名誉权和荣誉权。”第112条规定:“自然人因婚姻家庭关系等产生的人身权利受法律保护。”第114条规定:“民事主体依法享有物权。物权是权利人依法对特定的物享有直接支配和排他的权利,包括所有权、用益物权和担保物权。”第118条规定:“民事主体依法享有债权。债权是因合同、侵权行为、无因管理、不当得利以及法律的其他规定,权利人请求特定义务人为或者不为一定行为的权利。”第120条规定:“民事权益受到侵害的,被侵权人有权请求侵权人承担侵权责任。”

[4] 参见曹险峰:《我国侵权责任法的侵权构成模式——以“民事权益”的定位与功能分析为中心》,载《法学研究》2013年第6期。

为的规定，虽然恶意诉讼行为很难归入该法自第五章起往后规定的七种特殊侵权行为中，但因其侵害的权益可能是该法第1164条中规定的某一项或某几项内容和集合，在以考虑对民事权益侵害为侧重点的前提下，将其归入侵权行为定性的做法并非不妥。

## 三、恶意诉讼行为与相关概念的逻辑关系

综合我国学界对恶意诉讼行为的观点来看，学者突出的贡献在于通过对整个民事诉讼程序的观察，归纳出诸多恶意诉讼行为的形式，并且力求在自己观察的范围内对这一违法行为的概念下定义。法律概念之功能在于规范其所存在之社会行为，为贯彻其规范的功能，不仅不应忽略其规范的目的，且应赋予其规范的使命。[1] 然而，学者在构建法律概念时均有侧重的角度，郭卫华先生的这篇文章选取的是对诉权滥用的角度，[2] 而并没有解释当事人在有诉权时实施恶意诉讼行为的个案典型。并且在这里还有混淆诉权和诉讼权利的嫌疑，因为诉权的作用是使当事人进入诉讼，而诉讼权利是入门后的权利，二者不可混为一谈。[3] 而在其文章除提及滥用起诉权之外，还谈及滥用申请财产保全，申请先予执行等诉讼权利，显然这些概念很难包含在滥用诉权这样的问题之下。因此，通过滥用诉权来概括所有的恶意诉讼显然具有其自身的缺陷和矛盾之处。汤维建先生的这篇文章立足点是对诉讼程序的工具性滥用，[4] 并严格区分了恶意诉讼和错误诉讼两个不同的概念，其本质区别在于是否具有主观上的恶意。恶意诉讼的内容仅包含

---

〔1〕 参见杨仁寿：《法学方法论》，中国政法大学出版社1999年版，第135页。

〔2〕 参见郭卫华：《滥用诉权之侵权责任》，载《法学研究》1998年第6期。

〔3〕 参见严仁群：《回到抽象的诉权说》，载《法学研究》2011年第1期。

〔4〕 参见汤维建：《恶意诉讼及其防治》，载陈光中主编：《诉讼法理论与实践》（下册），中国政法大学出版社2003年版，第331～335页。

了主观上具有恶意的诉讼这样的观点也在之后学者的研究中得到了肯定。[1] 从侵害民事权益的角度观察，虽然可以此将恶意诉讼行为纳入侵权行为的范畴，但由于恶意诉讼行为侵害的对象还包括司法公信力和浪费司法资源，超出了法律规定的民事权益涵盖的范围，因此并非所有的恶意诉讼行为均可被视为侵权行为。

由此可知，恶意诉讼行为从其概念内容上与虚假诉讼、滥用诉权、滥用诉讼权利以及侵权行为具有一定的逻辑关系，这些概念之所以并存于学界的讨论中，而没有形成一个统一的概念，主要是因为每个概念均有其独立存在的价值，且设置概念的出发点均有不同。对这些概念间存在的逻辑关系可以概括为图1－1中的内容。

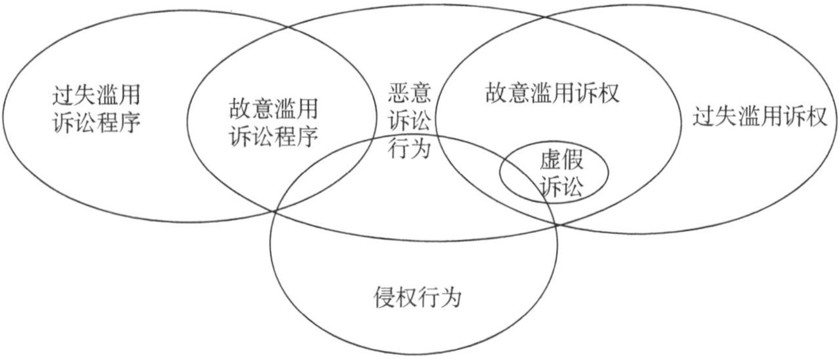


**图1－1　概念间存在的逻辑关系**

虚假诉讼强调的是对四方诉讼法律关系的认知，在现有立法重点关注三方诉讼法律关系的当下，认知虚假诉讼带来的危害，可以更加有效地保障当事人与诉讼有关的权利。在虚假诉讼中，当事人主观上表现出来的是明显的恶意，并欲通过诉讼来追求程序外的不法目的，其仅涵盖当事人双方恶意串通侵害案外人的内容。恶意诉讼行为除包括双

〔1〕 参见肖建华：《论恶意诉讼及其法律规制》，载《中国人民大学学报》2012年第4期；宋朝武：《新〈民事诉讼法〉视野下的恶意诉讼规制》，载《现代法学》2014年第6期。

方恶意串通的情形外,还涵盖了一方当事人恶意侵害另一方当事人的内容,[1]这样的恶意表现于诉讼上可以是滥用诉权的表现,也可以是滥用诉讼权利的表现。因为滥用诉权和滥用诉讼权利强调的都是权利滥用带来的不利后果,而这些权利的滥用亦应当以当事人主观上过错的不同而被区别对待,因而有学者将其区分为故意和重大过失。[2] 故意地滥用诉权指的是当事人在明知没有诉权或没有事实上依据的情况下,违背民事诉讼目的而提起的诉讼。[3] 这样的内容也正是恶意诉讼行为在滥用诉权方面的表现,同时包含了虚假诉讼的内容。过失地滥用诉权则表现为当事人有诉权,但可能出现错诉的现象,如合同纠纷中的当事人没有意识到合同的相对性,错误地将介绍签订合同的中介作为被告提起诉讼的情形。这样的过失在法官释明的情况下,可以通过变更被告来更正,因此不宜包含在恶意诉讼行为当中。滥用诉讼权利在主观上的表现同样可以用是否具有恶意来进行区分。[4] 其中,故意地滥用诉讼权利,并追求诉讼外效果的行为,便是恶意诉讼行为与滥用诉讼权利的交叉部分,这部分内容强调是的对程序性需求的错误扭曲,在进行规制时除强调维护当事人的合法权益外,对程序资源的合理分配也提出了较高的要求。侵权行为主要强调的是对民事权益的侵害。恶意诉讼行为虽然最终的目的是侵害民事权益,但因其行为后果需依赖于司法裁判的效力,在未出现民事权益被侵害后果的案件中,受到侵害的可能仅表现为司法秩序,此时的恶意诉讼行为不应当包含在侵权行为当中。此外,要认定为侵权行为需满足侵权责任的构成要件,有些恶意诉讼行为虽然侵害到民事权益,也可能因为不满足侵权行为的构

---

〔1〕 参见宋朝武:《新〈民事诉讼法〉视野下的恶意诉讼规制》,载《现代法学》2014 年第 6 期。

〔2〕 参见郭卫华:《滥用诉权之侵权责任》,载《法学研究》1998 年第 6 期。

〔3〕 参见邵明:《滥用民事诉权及其规制》,载《政法论坛》2011 年第 11 期。

〔4〕 参见张晓薇:《滥用诉讼权利之比较研究》,载《比较法研究》2004 年第 4 期。

成要件而无法被认定为侵权行为。

综上所述，恶意诉讼行为概念宽于虚假诉讼，它们之间具有包含的逻辑关系；与滥用诉权和滥用诉讼权利在立法目的上具有一致性，在主观为恶意的方面属于交叉的逻辑关系；[1]与侵权行为虽然在侵害民事权益方面表现一致，但仅在确实侵害民事权益且满足侵权责任构成要件时，存在交叉的逻辑关系。

## 第三节　恶意诉讼行为的构成要件

### 一、归纳构成要件的认知基础

#### （一）社会规范与个人自由的矛盾

1. 需要被避免的矛盾

按照前文的论述，诉讼程序是被用来限制个人自由的社会规范，可因自由意志的选择而被不法利用。那么社会规范和个人自由之间必然存在一定的矛盾。涂尔干在《社会分工论》中论述了社会规范与个人自由之间的关系，他指出社会的存在是为了消除或者是削弱人们的斗争，由此把强力法则归属于更高的法则；而有人主张规范丧失的状态是促进个人自由的发展。他认为权威规范和个人自由之间是不存在不可逾越的鸿沟的，合理的自由应当是社会所尊重的自由，个人若想得到自由就要杜绝他人在肉体或经济以及其他领域所享有的特权，防止他人对自身自由的限制，只有社会规范才能限制他人滥用权利，以此保证个人

[1] 参见肖建华：《论恶意诉讼及其法律规制》，载《中国人民大学学报》2012年第4期。

的自由不会成为虚名。[1] 诉讼程序运行中的强行规范,正是对当事人权利的限制。一方当事人正当地利用诉讼程序解决纠纷的过程,是社会所尊重的自由,恶意诉讼行为的实施则是不加限制的权利滥用现象,其结果是直接使他人的自由受到限制和缺损。那么,恶意诉讼行为在这里也符合了涂尔干关于"失范"概念的总结,这种社会现象是一种与正常现象相对的反常现象,是现代社会转型过程中不可规避的社会状态。[2] 这种"失范"的个人自由是应当被社会规范规制的,他人自由的减损也应当被避免。涂尔干在其《自杀论》中提出"弊病"这样一个词语来概括某种可以避免的东西,在他看来一切可以避免的东西并非都是病态的,而一切病态的东西都是可以避免的。[3] 这也正是涂尔干将其"失范"理论运用于分析具体社会现象时的经典阐述。那么恶意诉讼行为的存在也正好符合这一理论的内容。就诉讼程序而言,公正和效率之间往往很难达到平衡,在对实体真实过分追求时,往往会导致效率的降低,因此现代诉讼立法也大力加强此二者的平衡。在强调实体正义的同时关注程序的正义,这也体现了避免诉讼程序带来的时间成本过大的追求,这种可以避免的东西并非病态。然而对程序的故意滥用则是一种病态的体现,这些也都应当被社会规范所避免。由此可知,社会规范与个人自由之间的尖锐矛盾,并非单纯表现在规范内部设置的合理性上,其产生需要被规避的病态在于恶意地滥用诉讼程序所产生的,程序规范被创制时所不追求的效果。

2. 矛盾产生的具体内容

将恶意诉讼行为视作社会弊病的存在,并通过"失范"的内容来对

---

〔1〕 参见[法]爱弥尔·涂尔干:《社会分工论》,渠东译,生活·读书·新知三联书店2000年版,第15页。

〔2〕 参见渠敬东:《缺席与断裂:有关失范的社会学研究》,上海人民出版社1999年版,第33页。

〔3〕 参见[法]爱弥尔·涂尔干:《自杀论》,冯韵文译,商务印书馆2001年版,第396页。

其进行具体考察。我国学者将“失范”理论在社会生活中的表现总结为两方面,一方面指的是社会的规范体系因其自身内部结构可能出现的功能紊乱,带来对个体成员思想和行为约束的欠缺,所呈现的无序化现象;另一方面指的是个体成员违反社会规范的外化行为。[1] 总结来看即前者是规范本身的“失范”,后者是规范对象与执行者的“失范”。[2] 在早期立法没有明确对恶意诉讼行为进行规制的状态下,法院将诉讼参与人的行为定性为恶意诉讼行为的认定,主要在于法官厘清各法律规范间逻辑关系的情况下作出的自由裁量,至于裁判中对该行为的评价也是法官对严格规则的突破。这也使恶意诉讼行为在被提出时,较多反映为原被告之间的抗辩,但判决主文中“本院认为”部分却经常避免对恶意诉讼行为进行认定。这是规范在应对恶意诉讼行为时表现出的一定程度上的“失范”。黑格尔在对道德进行分析时总结了这样的一个社会现象:“我们当前的世界里有道德的人时常遭遇不幸,而不道德的人反而时常是幸福的。”[3] 正是有了这种病态的激励,人们在对诉讼程序的运用时,除对纠纷合理解决进行追求的情形外,还多了一种滥用诉讼程序对自身不法目的的追求,这种道德的相对面反映的是社会个体成员的行为“失范”。由此可知,产生这种尖锐矛盾的具体内容由个人自由相对于社会规范的过分放大,同社会规范在制定时对个人自由合理限制的欠缺,以及就“失范”后救济内容的缺乏共同组成。

### (二)自由应用社会规范的积极面

带有恶意地进行诉讼反映的是当事人运用诉讼的态度。虽然我国

---

[1] 参见朱力:《失范范畴的理论演化》,载《南京大学学报(哲学、人文科学、社会科学版)》2007 年第 4 期。

[2] 参见朱力:《关于社会失范机制的探讨》,载《社会科学研究》2006 年第 5 期。

[3] [德]黑格尔:《精神现象学》(下卷),贺麟、王玖兴译,商务印书馆 1979 年版,第 141 页。

自古以来民众及官府的思想中，对诉讼均采取消极态度，民众心中对诉讼的贬抑也流传至今，[1]然而有纠纷必然需要解决。[2] 诉讼程序被广泛接受，并被视作社会矛盾的出口，同时意味着当事人对诉讼形式和内容多元化的需求。我国在应对纠纷的解决方式上，孔子曰："听讼，吾犹人也，必也使无讼乎！"孔子表达的思想是通过礼仪教化来化解矛盾。[3] 无讼表达的是对严格诉讼程序的排斥，倾向的是运用多元纠纷解决机制来应对纠纷。这种思想也与我国当代司法中强调调解的地位不谋而合。

对于恶意诉讼行为从属的"失范"范畴，西方学者亦有另一种解读角度。据学者考察，"失范"一词并非涂尔干率先使用，更早使用这个词语的是法国社会学家马里·居友，在涂尔干对其的书评以及自己的《社会分工论》序言中均有提及。[4] 二人的理论中均认为"失范"出现在规范丧失的场合，但与涂尔干将"失范"理解为道德对立面不同的是，马里·居友认为"失范"亦是道德的一种，是一个"正面角色"。在他看来，"失范"是任何成文法消失后自治方面的一个起点，在带来丰富多彩文化的同时带来丰富道德的一种冲动，是强调免除普遍遵从后的个体自治，是个人自由和普遍立法之间共存的依据。[5] 这一观念并非毫无可取之处，马里·居友当时所处的时代正是宗教祛魅的年代，人们对摆脱宗教束缚后的自由表现出强烈的渴望，神谕的失效取而代之的是个体的自治。其论证的"失范"包含了宗教"失范"后对个体的自由解放，

---

〔1〕 参见宋四辈、王锦：《中国古代非必要诉讼研究："厌讼"观反思》，载《湘潭大学学报（哲学社会科学版）》2010 年第 6 期。

〔2〕 参见高中、杨哲媛：《和谐社会视野下"好诉"与"厌诉"冲突之反思——一种比较、实证的维度》，载《求索》2008 年第 1 期。

〔3〕 参见钱穆：《论语新解》，九州出版社 2011 年版，第 359 页。

〔4〕 参见朱力：《失范范畴的理论演化》，载《南京大学学报（哲学、人文科学、社会科学版）》2007 年第 4 期。

〔5〕 同上。

以及道德“失范”后对道德符号普遍遵从的消除。

可见,对于自由运用诉讼程序而言,其自有积极的一面。在个人权利能够在诉讼程序中被自由运用这方面,契合了我国当代对权利行使的保障,也包括了对诉讼权利的保障。根据我国《宪法》第 51 条的规定,宪法维护当事人运用司法程序保障自身利益的权利。“党的十八届四中全会提出改革案件受理制度,变立案审查制为立案登记制,对人民法院依法应该受理的案件,做到有案必立、有诉必理,保障当事人诉权。人民法院闻令而动、攻坚克难,推动立案登记制改革全面落地。”[1] 人民法院将立案工作进行改革,由原来的立案审查制转变为立案登记制。一方面,该项改革保障了当事人的起诉权,让起诉行为均在法院被记录;另一方面,强调保障起诉的同时,在一定程度上也让能够进入法院视线的民事纠纷呈现多元化趋势。这种个人自由正当性的倡导和自由应当受限制的博弈,正是马里·居友主张的解放个体自由和消除道德的普遍遵从所引发的现实问题。当事人在诉讼中权利的自由应用具有积极意义,从诉讼形式的选择上,简易程序的选取可以节约大量的司法资源;在民事案件中选择调解结案,不仅体现司法的人文关怀,亦能在一定程度上消除了审批的机械性,让纠纷的解决更易于接受;诉讼中当事人运用自己的异议权对司法程序的运行提出异议,不仅保障了自身权益,亦是对司法程序的有效监督。因此,自由应用诉讼程序的积极面展现的是对成文法僵硬化的缓和,不能因为恶意诉讼行为的存在,就对当事人行使诉讼权利的自由严加限制,从而抹杀纠纷解决的多元化内容。

---

[1] 孙航:《“人民法院这十年”首场新闻发布会举行——从“审查”到“登记”,确保有案必立、有诉必理》,载《人民法院报》2022 年 7 月 30 日,第 1 版。

## 二、行为要件

### （一）归纳行为要件的方法

对自由的合理性取舍，从涂尔干关于合理自由的论述中可以很好地找到答案：我们追求的自由是社会所尊重的合理自由，并不是让个人自由因他人的特权而成为虚名。[1] 因此，个体的自由在于规范实践中养成的自我调节和自我控制。[2] 而置于整个社会来考量这种规范的实践，则恰好符合卢梭在社会契约论中所论及的根本问题的解决："要寻找出一种结合的形式，使它能以全部共同的力量来维护和保障每个结合者的人身与财富，并且由于这一结合而使得每一个与全体相结合的个人又只不过是在服从其本人，并且仍然像以往一样自由。"[3]这种结合的形式便是现有的国家，而当代可以保护结合者人身和财产的全部共同力量则是法律。人们在权利受损时将对救济的渴望诉诸法律，此时则必须服从法院在适用法律后作出的判决，看似个人自由受限，实则服从的仅是本人诉诸法律寻求救济的自由。恶意诉讼行为实施者在此必须服从的是，本人一开始所用来提起诉讼的自由，或运用的诉讼中行使诉讼权利的自由，此处的自由也因其结合国家这个整体而须受到法律的评价。

由此可见，马里·居友对"失范"进行论述的贡献在于对个体自由的提倡，并突出体现在个体解放和普遍遵从的消除上面。但从自由限度方面考量，马里·居友的观点却存在很大的局限性，他忽略了个人自

---

[1] 参见［法］爱弥尔·涂尔干：《社会分工论》，渠东译，生活·读书·新知三联书店2000年版，第15页。

[2] 参见渠敬东：《涂尔干的遗产：现代社会及其可能性》，载《社会科学研究》1999年第1期。

[3] ［法］卢梭：《社会契约论》，何兆武译，商务印书馆2005年版，第19页。

由的扩张导致他人自由的受限。因此,涂尔干的言论显然更为合适,并且符合社会契约论的要求,进而求证出法院规制作为道德对立面存在的恶意诉讼行为的正当性。本书在此章节运用社会学理论分析恶意诉讼行为,主要因为社会学是一门说明性的对社会行为的作用和过程作出因果解释的科学。行为是带有实施者主观意向的行为,社会行为则表示行为实施者的意向与他人行为有关,并在过程中针对他人。[1] 我们不应当限制个人行使法定范围内权利的自由,但当权利行使的效果及于他人之时,法律需要对这一效果加以评价,并限制可能侵害他人权益的那部分效果。这一内容需要被考察的并非正在被利用的诉讼权利本身,而是权利行使的后果。例如,当事人在诉讼中放弃自身的实体权益,或对对方当事人的主张进行自认。这样的结果是对自身权益的一种放弃,亦是对自身权益自由处分的体现,同样对诉讼进程起到了积极的作用,提高了案件审理的效率。但这样的权益放弃如若涉及他人利益,并终将带来他人利益的减损则是我们这里所谈及的需要被严格限制的个人自由。

要判断个人自由行使诉讼权利时是否涉及他人利益,并不在于通过某一判决文书本身的认定,来推导这一类行为的基本特征。而在于对法院的纠纷解决进行分析的过程中,寻找非规范性法律文件间的逻辑来分析规范自身的“失范”;对整个诉中当事人的个体追求进行分析的过程中,厘清当事人行为的最终目标来分析个体行为的“失范”。这就需要对行为的内容进行解构,通过有效的分析方法将个人自由行使诉讼权利的行为割裂开来进行分析。

在对该行为进行解构时,首先需要明确的是解构的方法。马克斯·韦伯在《社会学的基本概念》中将“意义”作为社会学方法论的基

[1] 参见[德]马克斯·韦伯:《社会学的基本概念》,胡景北译,上海人民出版社2000年版,第3页。

础,他阐述的"意义"包括两个层面,其一是"事实存在的意义",即诸多事例中行为者平均或相类似的意义;其二是"纯粹类型的意义",即以概念建构的方式被当作一种或多种行为者的类型来想象得出的主观意义。而法学想确立和考察的对象是正确及有效的意义,是客观正确的意义,[1]若要在法学的领域内探究恶意诉讼行为者行为时的"意义",若按马克斯·韦伯的观念寻求正确及有效的"意义",那不免要将恶意诉讼行为当作一项正确的行为。虽然按照马里·居友将"失范"作为正面概念的理解方式来看,可以将恶意诉讼行为理解成可能丰富诉讼权利行使方式的行为。但这样做不免牵强,而且无法解释自由限度的问题。那么只有依照涂尔干对"失范"的理解,结合马克斯·韦伯的方法论,将恶意诉讼行为实施者的"意义"放到社会行为中客观正确地去理解,才可体现分析此问题时方法论选择的适当性。由此,在分析作为社会行为的恶意诉讼行为之行为要件时,所要理解的"意义"就包括了"事实存在的意义"和"纯粹类型的意义",即反映当事人真实内心的"意义"和构建法律规范时统一归纳可以产生对应法律效果的"意义"。进一步的解释则是指,当事人行使诉讼权利时可能恶意侵害他人利益的"意义",和被行使的诉讼权利在合法且合理被利用时的"意义"。

### (二)行为要件的内容

在明确应用解构的方法后,接下来即是分析被解构成两种"意义"的行为分别具备的特征。在诠释一般诉讼行为中的"意义"时达到"确证"的追求,则同时需要从两个特质出发:理性的、拟情式的再体验。[2]

---

〔1〕 参见[德]马克斯·韦伯:《社会学的基本概念》,顾忠华译,广西师范大学出版社2005年版,第4页。

〔2〕 同上书,第5页。

具备理性特质理解的终极是数理公式的分析，类比之下放置于本书则是寻求与现有法条为逻辑命题相联系的"意义"关联，这样虽然可以得出确证的结论，但适用面相对狭窄，只有完全符合法条描述的法律事实才会被关联进来，因此也会使很多案件细节被忽略。也就是说，被纳入考察范围的仅是当事人诉讼权利行使的自由，被忽略的是该自由背后不法者针对他人利益的企图。从这样一个单纯理性的角度观察，可以发现，该行为属于诉讼行为，即诉讼法律关系主体有意识地为使诉讼法律关系的产生、变更、消灭而实施的行为。[1] 由此归纳出三个行为要件：

(1)当事人按照诉讼法的规定实施；

(2)实施行为的目的是构成诉讼程序，或引发某项程序性后果；

(3)当事人因实施该行为而成为诉讼主体。

再就拟情式的再体验角度进行分析，即法官站在当事人的角度理解所有情感关联的行为。可以发现，该行为实际上指的是当事人恶意地运用诉讼程序，甚至在诉讼程序之外利用不法手段影响程序的正常运行，进而达到非法目的行为。于是在这种"理性主义"的方法工具运用下，我们还可以很好地去理解诉讼法律规定之外的当事人影响诉讼效果的行为，如媒体报道中时有提及的，当事人利用媒体恶意炒作、上访等非正常手段干预法院司法裁判的事件。[2] 法律没有明文规定不允许媒体报道正在审理的案件，并且媒体对司法审判有监督的作

[1] 参见彭明：《诉讼行为分析》，载《江西社会科学》2002 年第 12 期。

[2] 参见李爱伟、冯海玲、杜娜娜：《惩防并举遏制恶意诉讼——山东省潍坊市奎文区人民法院关于恶意诉讼案件的调研报告》，载《人民法院报》2012 年 1 月 12 日，第 8 版。

用,[1]但舆情报道对司法产生负面影响的事件还是会发生。[2] 同样,上访也是我国一种独有的申诉手段,是司法之外民众的救济手段。这些事实都存在于司法之外,但都可能对诉讼程序造成影响,并且带有当事人强烈的情感表达。但基于恶意诉讼行为主要考察的是当事人通过诉讼过程中程序行为引发的侵害,因此上述程序外的行为应当被排除于恶意诉讼行为规制的范围。在程序内部,在当事人恶意串通侵害案外人时,往往通过权利的让渡实现不法效果,因此,法官可以通过拟情式的再体验角度进行分析,审查当事人放弃权利背后的真实意图,来发觉不法行为;在当事人试图通过不必要的诉讼手段拖延诉讼进程时,法官也可以通过拟情式的再体验角度进行分析,审查该诉讼权利行使的必要性及行使意图,来避免程序的拖沓。由此归纳出三个行为要件:

(1)诉讼权利的行使仅是在表面上符合法律规定;

(2)当事人行使诉讼权利的意图违背了立法赋予其该项权利所追求的意图;

(3)恶意地行使权利可以带来不法的利益追求。

通过"理性主义"的方法工具的应用,可以将这类事实作为"偏离"现象进行理解,同时更加有利于对恶意诉讼行为的识别。但此时法官个人的价值判断又会被不自觉地带入,因而这种拟情式的再体验往往会发生偏差。因此,在分析恶意诉讼行为时必须从二者结合的角度观察。在马克斯·韦伯看来,在一个以类型构建为目的的科学分析中,将情感关联内容中的情感反应视为概念式纯粹理性类型的"偏离"。[3]

---

[1] 参见钮敏、徐骏:《"第四权力"介入下权力生态系统的重构——以司法、媒体与公众的和谐互动为例》,载《理论与改革》2007 年第 5 期。

[2] 参见孙彩虹:《网络舆情之于司法审判:冲突与优化》,载《河南大学学报(社会科学版)》2015 年第 5 期。

[3] 参见[德]马克斯·韦伯:《社会学的基本概念》,顾忠华译,广西师范大学出版社 2005 年版,第 7 页。

而恶意诉讼行为作为一种“失范”,其存在的属性是道德的对立面,那么在对其进行行为要件归纳时,基于上述分析方法,我们可以对恶意诉讼行为进行解构。解构的目的是发觉拟情式的再体验角度分析出的具体的行为要件,将具备该类要件的个人行使诉讼权利的自由进行严格限制。将上述三项行为要件化约为诉讼中的具体表现,即“虚构事实引发诉讼”与“滥用权利阻碍纠纷解决”。基于自由应用诉讼程序具有其积极的一面,单就行为方式的判断并不能有效地将合法行使权利的行为与恶意诉讼行为区别开来。因此,恶意诉讼行为的判断除行为方式上需满足行为要件外,还需要增加对结果要件的判断。

## 三、结果要件

### (一)结果要件的内容

按照前文的阐述可知,对恶意诉讼行为的规制,实质上是对具有涉他效果的自由行使诉讼权利行为的限制。然而,绝大部分的诉讼行为均具有涉他的效果,但从这个角度去甄别恶意诉讼行为,很可能导致当事人正当行使诉讼权利的障碍。因此,尚需要通过对该违法行为带来的结果要件进行归纳,从其行为意欲产生的实质结果中判断出其恶意的成分。

通过前述可以总结,试图对恶意诉讼行为的结果要件进行分析,必须从两个角度出发。按照马克斯·韦伯在《社会学的基本概念》中的解释“证券市场的恐慌”的举例,第一步通过排除非理性因素后,基于理性式行为的可理解性和清晰度构建理想型后果;第二步再将非理性因素作为纯粹理性行为的“偏离”现象单独地带入第一步总结的后果中去理解。[1] 通过这种方法来观察恶意诉讼行为，首先，假设没有非理性层面影响时，单纯观察当事人实施的诉讼行为，得出的结论是对诉讼程序有“产生、变更、消灭”的效果。借此环境分析诉讼行为的种类，可以按照不同的标准将其分类为：诉前行为和诉讼系属中行为，取效性行为和与效性行为，意思表示和事实行为，积极和消极的诉讼行为，权利性行为、义务性行为和责任性行为。其次，带入非理性成分之后观察，当事人可能实施的行为包括：滥用起诉权、滥用反诉权、滥用申请财产保全、申请先予执行、申请回避、申请强制执行权、滥用上诉权、滥用申诉权等，[2] 诸多此类行为表面上看似是诉讼行为，实质上是掺杂个人不法目的的诉讼行为；更有甚者，在诉讼之外利用媒体舆论或其他手段影响诉讼。

这种二分式的解构割裂地看待恶意诉讼行为，可以更加有力地说明该行为的内部结构既具备诉讼行为的合法外观，又能在一定程度上追求不法目的。在分析这类问题时，既可以参考诉讼行为分类的标准对其进行划分，又可以从不法目的的效果出发寻找类型划分标准。在利用马克斯·韦伯的分析方法解构恶意诉讼行为后，寻求到的是对这一诉讼行为“失范”范畴进行结果分析的正当性。这类行为围绕的主题和施行的背景均是现有的诉讼程序，其最终的效果最直观的表现也反映在诉讼的程序之上，即“产生、变更、消灭”，带入非理性成分之后，则效果及于对方当事人或案外人在本诉程序中的效果和本诉程序之外的效果。由此得出的结论是，恶意诉讼行为可以创造一个本不应当发生的诉讼，这个诉讼可能是当事人为了达到目的而自我引发的，也可能是对方当事人或案外人寻求救济的反报。同样，恶意诉讼行为可以阻碍

---

〔1〕 参见[德]马克斯·韦伯：《社会学的基本概念》，顾忠华译，广西师范大学出版社2005年版，第7页。

〔2〕 参见郭卫华：《滥用诉权之侵权责任》，载《法学研究》1998年第6期。

一个正常的诉讼，使其不能向法律设定的其本应前进的方向发展，而这种扭曲也是行为实施者的不法追求。

再从恶意诉讼行为从属于“失范”的两个角度观察。一方面，对社会规范自身的“失范”而言，恶意诉讼行为规制的欠妥可能表现为由此行为而产生一种诉讼程序审理中无从发觉的新纠纷；也可能表现为现有规范在规制时的不全面以及对受侵害者救济的不彻底。上述这些可能性对于以社会规范为基础的诉讼程序来说，第一种可能是在前诉审理的过程中，产生一个以前诉裁判结果为前提进而侵害他人利益的新纠纷，需要另一个独立的诉讼程序来解决；第二种可能是对原有诉讼程序过程的阻碍，需要在原本进行的程序中对该类阻碍行为进行避免与惩罚。

另一方面，对成员个体的“失范”而言，鉴于当事人的恶意可能表现为从始至终恶意地创造条件，诱发一个现有规范中易于审理的纠纷，从而引起整个以现有规范为基础的诉讼程序；也可能表现在某一单一诉讼行为当中，借此来阻碍纠纷的解决以达到自身追求的不法目的。从上述对“失范”理论涵盖的两个方面的“失范”套用的结果来看，这两方面的“失范”表现带来的结论极其近似，即“创设原程序审查之外的新纠纷”和“阻碍具有实质纠纷的诉讼程序进程”。

### （二）合法与违法的界限

通过前文的论述可以将恶意诉讼行为总结为当事人实施的一种“失范”的诉讼行为。这个归纳由两部分组成，一部分是符合实质理性外观的诉讼行为，另一部分是当事人实施诉讼行为时与实质理性不符的“偏离”。第一部分容易引发的思考是个人行使诉讼权利的自由限度问题，即合法与违法的界限问题。在一个诉讼程序中，当事人充分行使法律赋予的权利，提出主张为自己争取利益的行为不可厚非。我们不可因噎废食地区否定自由应用诉讼程序带来的积极面,但同样需要重视个人自由必须被严格限制的一面。恶意诉讼行为的外在表现形式的核心是诉讼行为,这是一种法律规则授权下当事人可以加入自己意愿而实施的行为。而授予个人法律权利的规则可以被分为两个层面,第一层面涉及的是那些实施权利的人所必须具备的能力,以及最低限度的资格;第二层面涉及的是用来规定个人实施这些行为后可创设的权利和义务结构,以及行为实施最长或最短的期限。[1] 当事人对这两个层面内容中某一内容的违反,即可能构成本书所论述的恶意诉讼行为。

基于个体表现的诸多可能性,甄别合法与违法界限的标准亦存在模糊性。恶意诉讼行为本身可以创造新的纠纷种类多样,侵害的权益也繁多,对恶意诉讼行为进行违法与否的定性,很难在前诉审查过程中被发觉;又基于恶意诉讼行为可阻碍某一纠纷的解决,对恶意诉讼行为进行违法与否的定性,也很难通过诉讼进行阶段中某一单一时段产生的恶意现象进行甄别。通过代入上述两个近似的结果观察发现,对诉讼行为进行违法与否的定性,应当着眼于恶意诉讼行为的结果要件,将其区分为“创设原程序审查之外的新纠纷”和“阻碍具有实质纠纷的诉讼程序进程”。

在“创设原程序审查之外的新纠纷”的结果要件中,当事人的行为方式可能为恶意串通虚构法律事实从而创造诉讼法律关系,亦有可能为无根据地提起诉讼,这样违反的是第一层面上最低限度资格的内容,同时在诉讼程序中创设出来的权利义务结构,违背了第二层面中立法者授权当事人而为此行为的追求,而通过前诉创造出来新的纠纷内容反映出的侵害结果即是违法内容的具体表现。

---

〔1〕 参见[英]H. L. A. 哈特:《法律的概念》,张文显等译,中国大百科全书出版社 1996 年版,第 30 页。

在"阻碍具有实质纠纷的诉讼程序进程"的结果要件当中,当事人的行为方式可能被恶意地拖延,即使这样的诉讼程序中当事人符合第一层面的最低限度资格,但行为亦违反第二层面中立法者设置期限的追求;当事人的行为方式还可以是恶意纠缠反复地提起诉讼,那么在后诉中的当事人可能违反第一层面的最低限度资格要求,同时与期限的要求相抵触。这样反映出来的对实质存在纠纷解决的阻碍结果,即是违法内容的具体表现。

# 第二章 恶意诉讼行为的主体

对恶意诉讼行为的规制在于对行为内容有条件地取舍，调整对象的取舍便是在个案典型内容化的过程中提炼出与法律相关联的部分，由此而形成需要调整的法律关系。在民事诉讼法律关系中，选取进行恶意诉讼行为的主体作为此处讨论的调整对象，按照前文第一章内容的阐述，通过对恶意诉讼行为与其他相关概念的逻辑辨析可以知晓，实施恶意诉讼行为的主体不仅表现为恶意串通的双方当事人，一方当事人以故意的形式不法利用诉讼程序的行为亦在法律规制的范围内。[1] 当事人参与民事诉讼程序当中，产生的是民事诉讼法律关系，其内容表现的是诉讼上的权利义务关系，这样的关系存在于当事人、其他诉讼参与人与法院之间，那么他们的诉讼行为当然存在于民事诉讼法律的调整范围内。[2] 因此，在分析恶意诉讼行为实施主体时，还有必要将法院与其他诉讼参与人纳入此处讨论。[3]

---

〔1〕 参见肖建华：《论恶意诉讼及其法律规制》，载《中国人民大学学报》2012 年第 4 期；宋朝武：《新〈民事诉讼法〉视野下的恶意诉讼规制》，载《现代法学》2014 年第 6 期。

〔2〕 参见李喜莲：《也论民事诉讼法律责任制度》，载《法学评论》2014 年第 6 期。

〔3〕 参见田平安、罗健豪：《民事诉讼法律责任论》，载《现代法学》2002 年第 2 期。

## 第一节 当 事 人

### 一、恶意串通的双方当事人

对于利用虚构的实体法律关系进行诉讼的前诉双方当事人而言，其所实施的恶意诉讼行为可能侵害的是对判决结果有法律上利害关系的第三人，亦可能侵害的是与判决结果有事实上利害关系的第三人。因此，在分析此类案件中前诉双方当事人法律责任应当性时，需要对这两种类型的侵害进行具体分析。

#### （一）侵害法律上有利害关系第三人的情形

在这一类型的侵害中，实施恶意诉讼行为的双方当事人在前诉中并没有诉的利益，其提起诉讼所依据的事实基础往往在法律、事实本身和公平的角度均欠缺可信度。[1] 被侵害的法律关系上有利害关系的第三人因为被故意隐瞒，不能作为诉讼第三人参加诉讼，因此，其程序参与的权利以及实体上的权益均可能在这样的诉讼中受到损害，从而引发恶意诉讼行为者对法律责任的承担。

案例一：曾某某等与马某某等房产权属纠纷案。[2]

该案件是一起因房屋买卖而引发的关于房产所有权的纠纷。案件

---

〔1〕 See Jonathan K. Van Patten & Robert E. Willard, *The Limits of Advocacy: A Proposal for the Tort of Malicious Defense in Civil Litigation*, Hastings Law journal, Vol. 35, p. 891 (1983).

〔2〕 参见浙江省苍南县人民法院民事判决书，(2010)温苍民初字第1297号；浙江省苍南县人民法院民事判决书，(2013)温苍民初字第154号；浙江省温州市中级人民法院民事判决书，(2013)浙温民终字第1578号；浙江省苍南县人民法院民事判决书，(2014)温苍民初字第1530号。

中争议的房产最初的所有人是陈某某、林某某二人。该房产被转让给马某某，而后由马某某售出，经三次交易后于2006年转让给曾某某。在2010年陈某某、林某某将马某某诉至浙江省温州市苍南县人民法院，请求法院确认其与马某某之间关于上述房产的交易无效，并获得(2010)温苍民初字第1297号民事调解书，在司法程序上对请求确认合同无效予以了认定。此后于2013年，房产最终所有人曾某某向浙江省温州市苍南县人民法院起诉，提起撤销前述调解书的请求。经温州市中级人民法院审理后作出了撤销(2010)温苍民初字第1297号民事调解书的终审判决。而后曾某某于2014年再次向浙江省温州市苍南县人民法院起诉，请求前述案件中所涉人员协助办理上述地基的建设工程规划许可证、建筑工程施工许可证及其他建房行政审批手续，均获得法院的支持，至此，该纠纷得到解决。

从上述案件分析可以看出，陈某某、林某某与马某某在2010年通过起诉获得撤销买卖契约效力的调解书的行为，属于诉讼法中规定的恶意串通型恶意诉讼行为。后诉撤销诉讼中的原告曾某某等人购得该处房产，是在被告陈某某、林某某与马某某交易完成后，又经历三次转让才获得的。按照合同的相对性，第三人撤销诉讼程序中，原被告之间就房屋产权问题，并不存在合同法上的债权债务关系。从物权的角度来看，陈某某将房产转让出手后，一直未与后手交易人办理过户登记，陈某某依旧是该房产的所有权人，未办理过户手续实际上是一种未履行房产交易的后合同义务的行为。[1] 这样也使该纠纷最后以曾某某起诉，要求陈某某及其妻子协助办理安置地基的相关建房手续才告以

---

〔1〕 后合同义务的内容包括：《民法典》第7条规定，民事主体从事民事活动，应当遵循诚信原则，秉持诚实，恪守承诺。第509条规定，当事人应当按照约定全面履行自己的义务。当事人应当遵循诚信原则，根据合同的性质、目的和交易习惯履行通知、协助、保密等义务。第598条规定，出卖人应当履行向买受人交付标的物或者交付提取标的物的单证，并转移标的物所有权的义务。

终结。不能因为出售方未协助办理过户登记,就认定原拆迁房屋产权仍在原出卖人陈某某、林某某夫妻名下的状态是完全合法的。在合同交易完成后出售方不履行后合同义务,是一种对诚实信用的违背。鉴于此,从物权和合同的角度来看,第三人撤销诉讼中被告的权利状态相对原告而言是完整的,原告之所以不向其直接前手交易人提起诉讼,表明原告在与自己的前手交易之初已经知道房屋的产权状态,因此这里也不存在一房二卖出现善意取得的情形。然而,陈某某和马某某之间的调解协议,却使后续交易的合同关系均趋于不稳定的状态。可见,其恶意诉讼行为侵害的是法律上具有利害关系的第三人。

单从陈某某与马某某之间的诉讼程序看,陈某某认为涉案房屋属集体土地上的农村房屋,其连环转让违反了法律强制性规定,因此,出卖人与前一买受人的房屋买卖合同归于无效。在案件的审理上,双方达成调解协议,并就转让款项以及所涉利息的返还均没有较大争议,且得到履行。这样一个以调解书形式结案,并且最终得到全部履行的案件,完全符合我国诉讼法对于诉讼解决纠纷的要求,其合法性外观是不容置疑的。但是,正由于该案件中涉及集体土地上建筑物出让是否合法的问题,才引发了后续的案件纷争。可见,单从一个诉讼行为的外观上很难分析出当事人追求的最终目的,通过前文第一章中提及的解构方法,可以来分析该案件中陈某某和马某某在调解案件中与理性“偏离”的真实目的追求。案件中的房产在第一次转让时的售价是280,000元,当转至原告曾某某之手时,市值达到了500,000元以上。将近1倍的升值,诱使陈某某想要通过诉讼程序使之前的交易行为无效,清除自己对后诉原告没有履行的后合同义务,进而享有房产增值后的价值。而撤销之前产权转让合同的理由是集体土地上建筑物转让违法的事实。该法律事实主张在后诉中被法院否定,且当时交易时即应当考虑的合同效力问题,在房产几经转手的数年后重新提起,可见陈某某和马某某之间转让房产的意思表示真实且不存在合同内容违反法律禁止性规定的情况。此案件当事人行为属于虚构法律事实故意创造新纠纷。也正是基于陈某某未完成后合同义务,没有对房产进行过户,才使法院在确认其与马某某之间交易无效的案件中未查明其权利存在瑕疵的状态。此处,当事人虽然通过第三人撤销诉讼的方式维护了自身的权益,然而由于我国法院并没有一套详尽的追究恶意串通当事人民事诉讼责任的规定,导致在该案件中前诉恶意串通当事人所为的恶意诉讼行为没有遭致实体法律的否定性评价。但基于违反了《民事诉讼法》的有关规定,该案件中被撤销调解协议的前诉双方当事人应当被追究法律责任。

### (二)侵害事实上有利害关系第三人的情形

在此类型的侵害中,恶意诉讼行为的实施者利用诉讼结果产生实体法律关系的改变,通过变更后的法律关系引发新的法律事实,再对第三人产生影响,侵害事实上有利害关系的第三人。[1] 因为受侵害者与前诉争议的纠纷在法律上没有利害关系,在诉讼参与上更无法得到保障。对于这样的侵害,事实上有利害关系的第三人往往通过对前诉申请再审的方式维护自身权益。在后续的审判程序中,若发现前诉的确存在恶意诉讼行为,前诉的双方当事人应当承担相应的法律责任。

案例二:上海欧宝生物科技有限公司(以下简称欧宝公司)诉辽宁特莱维置业发展有限公司(以下简称特莱维公司)借款纠纷案。[2]

该案件由最高人民法院通过再审程序审结,被业界认为是我国首例针对恶意诉讼行为进行惩罚,并由法院开出巨额罚单,要求当事人承

---

〔1〕 See John Williams, *The Action for the Malicious Prosecution of an Ordinary Civil Action*, Central Law Journal, Vol. 41, p. 449(1895).

〔2〕 参见最高人民法院民事判决书,(2015)民二终字第324号。

担法律责任的案例。该案件所涉法律事实起始于2007年,欧宝公司分9次将86,500,000元人民币借予特莱维公司,用于开发辽宁省东港市特莱维国际花园房地产项目。基于特莱维公司项目经营不善、房屋滞销无力偿还的理由,欧宝公司向辽宁省高级人民法院提起诉讼,该院于2011年3月作出(2010)辽民二初字第15号民事判决,判令特莱维公司偿还借款及利息,并承担案件受理及保全的费用。该判决一审后双方当事人均未表示不服。但该案在判决生效后,特莱维国际花园房地产项目投资人谢某提起申诉,辽宁省高级人民法院于2012年1月4日作出(2012)辽立二民监字第8号民事裁定,再审该案。申诉人谢某指出,特莱维公司与欧宝公司恶意串通,通过虚构债务的方式,恶意侵害特莱维国际花园房地产项目投资人的合法权益,并请求法院查明事实。再审后,辽宁省高级人民法院作出了撤销(2010)辽民二初字第15号民事判决的判决,并且驳回了欧宝公司的诉讼请求,且将案件受理费474,300元,保全费5000元,判决由欧宝公司负担。欧宝公司对此再审判决不服,遂向最高人民法院提起上诉,经最高人民法院审查后维持了(2012)辽审二民再字第13号民事判决,并在(2015)民二终字第324号判决中附带作出,对欧宝公司和特莱维公司罚款500,000元人民币的裁定。

该案件自2010年原审提出后,至2015年被最高人民法院以虚假诉讼为定性并处罚,历时5年,经两级法院,三个独立的诉讼程序才终结。恶意诉讼行为的表现方式为恶意串通。案件中,最高人民法院依照《民事诉讼法》第112条的内容对涉事当事人进行了罚款,要求其承担法律责任,虽然给当事人予以处罚并对世人以警示,但该案件中权利被侵害者谢某的经济损失却并未得到救济。虽然二审的受理费用被判由欧宝公司承担,但作为案外第三人的谢某,在5年的诉讼过程中受到的直接或间接的损失远不止诉讼费用这一项。该案件在结案后权利受侵害者是否会另行起诉要求弥补损失现在不得而知,但该恶意诉讼行为引发了新的纠纷却是不置可否的事实。通过诉讼的形式转移公司财产,致使原本需要运行的项目无法完成,造成了事实上有利害关系第三人的损失。此外,从恶意诉讼行为手段上看,案件中恶意串通者为亲属关系,且通过对公司的实际控制身份,构成虚假债权债务关系,并借此起诉骗取一审裁判。该案件也表现出权利受侵害人举证难的问题。同时,案件表明,法院在面对恶意串通进行的恶意诉讼行为时有查明该违法行为的义务。在法院查明恶意诉讼行为之后对其施以罚款的法律责任承担形式,也成为受侵害者要求其承担其他法律责任的前提。虽然案件中法院要求侵害者承担被侵害人的诉讼相关费用,但鉴于被侵害者没有要求其承担除此之外的其他法律责任,可见其他法律责任的承担还在于被侵害者是否提出主张。

案例三:上海迅通物流有限公司诉上海凌运庆铃汽车修理服务有限公司房屋租赁合同纠纷案。[1]

该纠纷通过再审程序查明,原审为恶意串通侵害股东权益的案件。原审原告为上海迅通物流公司(以下简称迅通公司),被告为上海凌运庆铃汽车修理服务有限公司(以下简称庆铃公司),案件起因是2008年迅通公司与庆铃公司签订的《租房合同》。原审原告讯通公司称被告庆铃公司于2009年5月起拖欠租金,在催讨无果的情况下要求终止租赁合同,并要求庆铃公司支付租金、水电费以及违约金人民币523,984.94元。双方在原审中达成调解协议,原审被告同意解除租赁合同从租赁房屋中迁出,并且对原审原告的诉讼请求无异议。原审于2009年11月达成执行和解,庆铃公司划款人民币122,016.94元至迅通公司。2011年7月,庆铃公司股东盛某军以(2009)普民三(民)初字第2471号民事

---

[1] 参见上海市普陀区人民法院民事判决书,(2011)普民四(民)再初字第1-2号。

调解书侵害其股东权益为由,向上海市普陀区人民检察院提出申诉。2011 年 12 月,上海市普陀区人民法院审判委员会经讨论决定,(2009)普民三(民)初字第 2471 号民事调解书存在错误,应予再审。再审过程中,迅通公司以庆铃公司进行清算,庆铃公司拖欠租赁费将另案主张为由,向法院提出对原案的撤诉申请。经再审查明,庆铃公司是由刘某培与第三人盛某军于 2005 年 6 月 12 日签订《联营协议书》后共同注资设立,再审申请人盛某军持有庆铃公司 50% 股权。法定代表人刘某培为了将联营体的资产迅速转移至迅通公司名下,不惜违背联营协议,违背诚信原则,擅自携其姐刘某娟代表迅通公司,刘某培代表庆铃公司凭空捏造《租房合同》。为此,法院对迅通公司提出的撤诉申请,不予准许。根据《民事诉讼法》第 112 条的内容,在驳回迅通公司起诉的前提下,对迅通公司及其法定代表人刘某培科以罚款人民币 5000 元的民事制裁。

该再审案件当中展现的是法定代表人利用诉讼转移公司财产的行为,属于明显的恶意诉讼行为。从原审外观看很难发现双方的诉讼存在恶意串通,除原审案件中原审原告刘某娟与原审被告刘某培系亲属关系,并且在起诉后很快达成调解协议的行为比较可疑之外,并无其他外观上的不法行为,若无案外人盛某军的再审申请,原审审判活动完全符合"案结事了"[1]的诉讼追求,从形式上符合当事人正当行使诉讼权利的外观要求。但事实上,因为公司财产的不当减损却给其他股东带来了损失。前诉双方当事人所实施的诉讼亦是对案件事实上有利害关系第三人的侵害。

案例二与案例三的不同之处在于,前者是公司内部人员恶意串通减损公司财产造成公司外部投资人损失的案件;后者是公司内部通过减损财产的方式侵害其他公司内部股东的案件。无论是公司外部投资

---

〔1〕 刘作翔:《"案结事了"及其他》,载《人民法院报》2013 年 1 月 18 日,第 5 版。

人还是公司内部其他股东,对于存在恶意诉讼行为的前诉均是与判决结果具有事实上利害关系的第三人。但是,由于其并没有法律关系上的利害关系,由此这两个案例中的案外人,同案例一中的提起第三人撤销诉讼的原告有所不同,后两个案例均是通过再审的方式予以解决。然而与期待结果不同的是,案例一中法院最终的判决并没有追究恶意诉讼行为人的法律责任,案例二、案例三中都进行了罚款的处罚。可见,司法实践中对追究恶意诉讼行为者法律责任的做法并不统一,且在此亦没能体现出第三人撤销诉讼在规制恶意诉讼行为时具有识别违法行为并使侵害者负担法律责任的属性。虽然司法实践中的做法存在值得商榷的地方,但是必须承认的是,恶意串通虚构实体法律关系的双方当事人存在法律责任。首先,在诉讼开始之时,其就虚构的实体法律关系准备伪造的证据等一系列行为,方能使诉讼被法院受理;其次,在虚构法律事实双方当事人进入诉讼系属之后,其追求法院依其恶意串通内容进行判决的行为是对法院的欺诈,严重损害法院司法权威;最后,这样的裁判结果作用在第三人身上时对第三人造成侵害,无论是法律上有利害关系的第三人抑或事实上有利害关系的第三人,其权益的减损是不容否定的。由此,要维护司法权威,弥补第三人权益的减损,前提在于确认此类恶意诉讼行为人的法律责任,在此前提条件下第三人权益的维护内容、维护方式则取决于第三人在后续诉讼程序中的主张。

## 二、实施侵害的一方当事人

### (一)以侵害为目的起诉的情形

新立法的出台并没有很好地解决学者们对恶意诉讼行为责任主体范围上的呼吁,现阶段学者的主张主要集中于,在法律调整范围外增加一方当事人通过恶意诉讼行为侵害对方当事人的情形。[1] 这样的恶意诉讼行为较恶意串通的方式而言更为直观，且恶意诉讼行为者欲侵害的对方当事人切实地进入诉讼程序中，可以充分地遏制对自己的侵害，也正是因为这样的原因，立法并没有将此类现象纳入恶意诉讼行为的认知范畴，但此类违背民事诉讼法纠纷解决目的的行为在司法实践中真实地存在，侵害者亦应当受到法律的否定性评价。

案例四：杨某诉姚某祥滥用诉权赔偿纠纷案。

该件纠纷历经两次诉讼，前诉和后诉虽有关联，但为两个独立的诉讼案件。前案发生于 1993 年，姚某祥与姚某洁因索要所借木材发生口角后产生肢体冲突，经有关组织调解无效后诉至法院，原告姚某祥将姚某洁与杨某（姚某洁之女婿）列为被告进行起诉。原上海市南汇县人民法院经审理后查明，杨某并未参与姚某祥与姚某洁之间的冲突，故不支持原告的诉讼请求。在前案审结后，1994 年，杨某以前诉原告姚某祥为被告，起诉其捏造事实、无中生有将自己卷入诉讼，要求赔偿其因法院传讯而损失的工资和车费，并承担后诉的诉讼费用。经原上海市南汇县人民法院审理后，支持了杨某因前诉导致两天的误工与车费损失。

此案例发生于 1993 年，我国诉讼法尚未对恶意诉讼行为的规制进行规定，法院在后诉中并没有对前案原告姚某祥进行制裁。基于前诉对后诉原告杨某造成的实质性经济损失，当时法院依照《中华人民共和国民法通则》（以下简称《民法通则》）第 106 条[2]的内容判决，肯定了后诉中原告的诉讼请求。然而，2012 年修订的《民事诉讼法》依旧没有对这种无根据滥诉的行为进行规制，时至今日 2021 年修订的《民事诉

[1] 参见肖建华：《论恶意诉讼及其法律规制》，载《中国人民大学学报》2012 年第 4 期；宋朝武：《新〈民事诉讼法〉视野下的恶意诉讼规制》，载《现代法学》2014 年第 6 期。

[2] 现为《民法典》第 176 条规定："民事主体依照法律规定或者按照当事人约定，履行民事义务，承担民事责任。"

讼法》亦然如此。而本书援引该案例的意义在于,法院适用侵权有关的条款,支持被侵害人的诉讼请求,虽未直接惩罚这种滥诉的行为,但在被侵害者另行提起的程序中,以支持后诉中原告诉讼请求的方式对该恶意诉讼行为进行否定性评价,同时表明了法院在案件受理时,就此类因恶意诉讼行为造成民事权益损失的案件采取了肯定的态度。

自党的十八届四中全会提出全面推进依法治国以来,“法治国家”一直为司法改革所追求。公民有提起诉讼的权利和自由,但这样的权利和自由必须在法律规定的范围内且不侵害他人利益的情况下行使,国家通过对公民自由的干预来实现法治的安定性。[1] 自20世纪70年代以来,我国大力从文本体系和制度体系推进法治的发展,这也使现阶段我国的法治呈现两个方面的复杂局面:一方面,在制度和文本层面我们已经具备了与西方国家一样完整的法律体系;另一方面,现有法律体系在社会运行中的林林总总的障碍呈现司法运行的不足。[2] 在对恶意诉讼行为追究法律责任时,应做到关联我国现有法治体系,结合经济和文化方面带来的多元价值判断,同时符合哲学的理性和科学主义。在对法律内容进行系统分析时,我们往往扮演的是现代分析法学派的拥趸者。相较于注释法学仅就某一概念在特定法律文本中的探究,分析法学力图揭示的是所有法律和法律体系共同的概念框架,进而更加深入地理解法律规则的含义及运用思维。[3] 要解决恶意诉讼行为产生法律责任的问题,单就某一部法律文本的单一语境中探析显然是片面的。

---

〔1〕 参见王青斌:《论不确定法律概念与处罚法定原则的冲突和协调》,载《法学评论》2011年第1期。

〔2〕 参见刘正强:《“撕幕”效应下的司法运作——罗尔斯“无知之幕”的中国情境及其省思》,载《政法论坛》2015年第4期。

〔3〕 参见[英]尼古拉斯·布宁,余纪元编著:《西方哲学英汉对照辞典》,王柯平等译,人民出版社2001年版,第47页。

案例四中法院的做法,即是在诉讼法没有明文规定的情况下,通过对《民法通则》的适用,支持了后诉原告的诉讼请求。然而此处对恶意诉讼行为在程序法上追究法律责任的缺失,却使这样的诉讼行为在违反《民事诉讼法》设置诉讼程序解决纠纷的目的时得不到否定性评价,亦缺乏了对后世的警戒作用。正是因为没有明确的民事诉讼法律责任的规定,才使这样的行为成为处罚的"灰色地带"。相关内容的民事诉讼法律责任规定缺失,给公民日常行使法律上权利的自由也会带来困扰,人们如果知道如何行为会受到法律处罚,且行为在其自身可控范围内,那么他们就会规划自身行为,达到在遵守法律规定的情况下不致损害他人自由的安定性。[1] 在"法治"概念不断被强调的今天,人们对法律可预测性的要求也在不断被提升。法律条文中对此类恶意诉讼行为是否应当赋予民事诉讼法律责任的疑惑,带来的对法律可预测性的冲击,很可能成为法治的一个问题,即人们无法服从其所不知晓的法律要求,在法律不确定的情况下,可能成为判决依据的法律理由将不足以成为一个结论独立的证成,抑或无法充分预测或解释一个结论。[2] 由此,因法律责任的缺失而带给人们对自身行为指引规范的认识模糊,与法律规制的确定性要求之间存在抵牾。所以,立法中重视以侵害为目的提起诉讼的一方当事人产生的民事诉讼法律责任,将其适当地纳入法律条文当中,为恶意诉讼行为规制的确定性提供保障,也更利于当事人维护自身权益,同时对后世亦有警示作用。

---

〔1〕 参见[美]约翰·罗尔斯等:《正义论》,何怀宏等译,中国社会科学出版社 1988 年版,第 231 页。

〔2〕 参见[美]朱尔斯·科尔曼、[美]布赖恩·莱特:《确定性,客观性与权威性》,徐宗立译,载[美]安德雷·马默主编:《法律与解释》,章卓明、徐宗立等译,法律出版社 2006 年版,第 290 页。

### （二）以阻碍纠纷解决为目的的情形

当事人在诉讼的过程中享有通过自己的诉讼权利纠正程序中错误的权利，而其他的当事人同样享有不受不公正的程序行为侵扰的自由，于是便需要一种审慎的平衡来保持这两者自由的权利均能被充分主张。[1] 这种平衡一旦被打破，则必然有一方权利的自由被限制，由此引发程序权益上的侵害，从而引起相应的法律责任。

案例五：产品质量损害赔偿纠纷管辖权异议申请再审案。[2]

该案件为再审案件，原审生效判决由辽宁省高级人民法院于 2010 年作出的（2008）辽民一终字第 400 号民事判决。判决生效后，由最高人民法院裁定再审提审该案件，最高人民法院于 2011 年作出（2011）民提字第 117 号民事裁定，撤销一审、二审民事判决，发回辽宁省大连市中级人民法院重审。再审申请人九郡药业和云洲商厦在重审中提出管辖权异议。再审申请人的管辖权异议基础是我国《民事诉讼法》第 22 条第 2 款和第 29 条，关于法人和其他组织一般地域管辖的规定以及侵权行为特殊地域管辖的规定，[3] 其指出案件不应由辽宁省大连市行政区域内法院管辖，而应由内蒙古自治区巴彦淖尔市中级人民法院或上海市第一中级人民法院管辖。该管辖权异议先后由辽宁省大连市中级人民法院和辽宁省高级人民法院两级法院通过裁定驳回，再审申请人在针对管辖权异议上诉依旧无果的情况下，分别再一次地提出再审，最

[1] See Timothy P. Getzoff, *Dazed and Confused in Colorado: The Relationship among Malicious Prosecution, Abuse of Process, and the Noerr-pennington Doctrine*, University of Colorado Law Review, Vol. 67, p. 675 (1996).

[2] 最高人民法院判决书，（2013）民再审字第 27 号。

[3] 《民事诉讼法》第 22 条第 2 款规定："对法人或者其他组织提起的民事诉讼，由被告住所地人民法院管辖。"《民事诉讼法》第 29 条规定："因侵权行为提起的诉讼，由侵权行为地或者被告住所地人民法院管辖。"

后案件又回到最高人民法院，与前次申请再审的理由不同，此次再审的理由是以管辖权异议为内容的纯粹程序上的异议。最高人民法院在该纠纷第二次申请再审的申请审查中认为，九郡药业和云洲商厦是在案件通过审判监督程序发回一审法院重审时才提出的管辖权异议，不符合《民事诉讼法》第130条管辖权异议提出的条件，且其在原一审的答辩行为使法院当然地取得了管辖权[1]，并在裁定书中阐明："如果在重审中当事人仍可就管辖权提出异议，无疑使已稳定的诉讼程序处于不确定的状态，破坏了诉讼程序的安定、有序，拖延诉讼，不仅不利于纠纷的解决，也浪费司法资源。"而后以再审申请不符合法定条件为由驳回了申请人的申请。

在此案件在重审进行的过程当中并未出现对实体争议的探讨，争议的焦点主要集中在法院是否具有管辖权上。从发回重审本身来看，内容并不复杂，所运用的法律规定也极其简单，单一的一个应诉管辖就可以使再审申请被驳回。但从另一个角度观察，此案件的原一审判决发生于2008年，而最终定论的第二次再审申请被驳回于2013年，历时5年有余，分别两次经三级法院审理，审理法院跨越省级的地域距离，这样的诉讼历程，不仅给当事人造成了诉累也浪费了有限的司法资源。而再审申请人对诉讼的执着也不免令人产生其存在故意拖延的想法。最高人民法院最终对其第二次再审申请的驳回也是对这种拖延的否定。然而最高人民法院在审查第二次再审申请时的理由却引发一个新的思考——究竟管辖权异议为内容的再审申请是否可成为开启再审程序的正当理由？

---

〔1〕《民事诉讼法》第130条规定："人民法院受理案件后，当事人对管辖权有异议的，应当在提交答辩状期间提出。人民法院对当事人提出的异议，应当审查。异议成立的，裁定将案件移送有管辖权的人民法院；异议不成立的，裁定驳回。当事人未提出管辖异议，并应诉答辩的，视为受诉人民法院有管辖权，但违反级别管辖和专属管辖规定的除外。"

关于管辖权异议为内容的程序性再审事由，起初在1991年的《民事诉讼法》中并没有规定。2007年《民事诉讼法》修改后，将这样一条程序性的再审事由规定于第179条第7款，而后在2008年颁布的《审判监督程序若干问题的解释》中对其作出了限制，该解释第14条将管辖错误解释为，对专属管辖和级别管辖的违反，但该解释在立法技术上看并非一项完全的列举，还兜底性地规定了其他严重违法行使管辖权的情形。时隔5年之后，在2012年的《民事诉讼法》修改中，管辖错位为内容的再审申请理由被删除，当事人不能再以管辖错误为理由申请再审。案例五中的裁定是最高人民法院在2013年时作出的。最高人民法院在对此案件进行裁定的时候，并未以管辖错误已经不再是再审申请事由为理由驳回再审申请，而是以说理的方式，叙明当事人在重审中对管辖权提出异议的申请不符合管辖权异议提出的要求，进而指出重审中一审、二审法院的裁定并非错误裁定，不符合《民事诉讼法》第207条第6项，以原审裁判确有错误为由申请再审的理由，从而对该申请予以驳回。虽然上述两种作出驳回裁定的结果殊途同归，但不禁要问这样的立法删除是否真的有意义。从最高人民法院审查的成本上看，以管辖权异议为理由提出再审，最高人民法院根据现行《民事诉讼法》第207条第6项进行判断，意味着需要重新审查之前法院作出的裁判是否正确。进一步假设，在其他案件中，当事人一审提出管辖权异议，被驳回，而后上诉，再被驳回，最后申请再审。那么针对这样的再审申请，法院还必须对之前的裁定进行审查，列出的理由可能不是如案例五中，重审中提出管辖权异议，不符合《民事诉讼法》第130条中规定的管辖权异议提出条件那么简单。若法院直接以再审理由不符合法律规定为由驳回再审申请，将减少因审查下级法院作出裁定的工作量，对司法资源是很好的节约。然而正是由于这种规则适用的多样性，导致新修订的《民事诉讼法》删除此款再审事由的修改形如虚设。也为企图拖延诉讼以达到不法目的的恶意诉讼行为者提供了可乘之机。

案例六：房产买卖纠纷案中荒谬理由的管辖权异议。[1]

该案件系一起因商品房买卖引发纠纷的案件，按照《民事诉讼法》第34条的内容，不动产纠纷属于专属管辖。[2] 在新的诉讼法司法解释出台前，关于不动产合同引发纠纷案件的管辖尚存在争议，主要表现为两种观点，其一认为不区分案件争议的内容，认定此类纠纷为不动产纠纷适用专属管辖，其二认为区分案件争议的实质内容，此类纠纷可能涉及的争议内容与买卖合同有关，故可适用合同纠纷的管辖规则。[3] 随着新的《民事诉讼法司法解释》的出台，原先理论上的学说被吸纳，该解释第28条第1款将不动产纠纷解释为因不动产的权利确认、分割、相邻关系等引起的物权纠纷。该案件中涉及的纠纷为商品房买卖纠纷，并非该条司法解释第2款中规定的四种可视为不动产纠纷的合同纠纷。由此看来，若案例五中涉及的纠纷实质内容是合同纠纷，当事人提出管辖权异议的理由亦可以是合同纠纷管辖相关的内容。然而在此案中被告提出管辖权异议的理由竟然是，“认为广州天河区人民法院是净土，有新鲜空气与绿叶”。[4] 这样的理由被调侃为令法官内心崩溃的理由。类似的事件还可见于北京市通州区人民法院的一件案件资料中，被告对管辖权提出异议的理由是“贵院马驹桥派出法庭条件简陋，设备及其不齐全，连审理案件的最基本的桌子、椅子都没有，远不如远郊县区或者偏远山区的法庭办案条件，失去公信力和威严感。虽本案在合

---

〔1〕 参见广东省广州市海珠区人民法院民事裁定书，(2015)穗海法民三初字第1407－1号。

〔2〕 《民事诉讼法》第34条规定：“下列案件，由本条规定的人民法院专属管辖：(一)因不动产纠纷提起的诉讼，由不动产所在地人民法院管辖……”

〔3〕 参见陈丹：《不动产纠纷专属管辖规则适用冲突及解决》，载《人民司法》2012年第11期。

〔4〕 参见李云芳：《最奇葩管辖权异议：广州天河法院是净土，有点新鲜空气与绿叶》，载澎湃新闻网2015年9月18日，http://www.vccoo.com/v/6ce1d2。

同纠纷履行地法院审理,但若在不像法庭的法庭审理涉案金额上百万元的案件会让当事人产生不信任感和距离感。故,还是应该将本案依法移送管辖,交由北京市朝阳区人民法院审理"。

法律虽然规定了管辖权异议提出的要求,并且规定了一般的管辖规则以及各类特殊案件的管辖规则,但并未对当事人提出管辖权异议的理由加以规定。这样规则上的"失范"造成了上述案件中内容荒诞的管辖权异议理由。按照前文第一章对"失范"内容的论述,按照马里·居友对"失范"的理解,从积极的角度考虑可以带来价值的多元化,但这样的多元化并非就能带来有益的效果。我们并不能因为法律没有对管辖权异议理由提出具体的限定性要求而惩罚提出理由错误的申请者,哪怕理由显得荒谬。但荒谬理由背后对理性"偏离"的目的却是可以被法律评价的。假设案例六中管辖权异议申请者对法律规定是知晓的,那么他必然了解这样荒谬的异议理由带来的是被驳回的后果,也正是在现行管辖规则之下无法寻找到更加合理且有说服力的理由时,申请者才会以这种啼笑皆非的内容作为申请异议的理由。此时,对恶意诉讼行为解构的思维方法便可以加以利用,这样的管辖权异议从外观上看,当事人是在行使自己享有的诉讼权利,且不可遭受非议。在解构之后,这样行为另一面对理性"偏离"的部分,是否形成对诉讼的拖延是值得考量的。作为社会行为的诉讼行为,行为者在行为中附加意向,且在整个行为的过程中以这种意向针对他人。[1] 这种针对他人的意向便是此类恶意诉讼行为需要被施加法律责任的部分。

---

〔1〕 参见[德]马克斯·韦伯:《社会学的基本概念》,胡景北译,上海人民出版社2000年版,第7页。

## 第二节　其他诉讼参与人

### 一、代理人

其他诉讼参与人，主要指的是当事人之外的，其他参与诉讼并享有相应诉讼权利，承担诉讼义务的参与人。其中，对于案件审理过程参与最多的当属代理人，因此在代理人参与下实施的恶意诉讼行为亦不占少数。

案例七：代理人策划虚构夫妻共同债务案。[1]

该案中，陈某与包某系夫妻，陈某为使包某在离婚析产中少分财产，遂同其父亲与何某协商寻求办法。在何某的主导策划下，虚构陈某与沈某的债权债务关系，由何某作为沈某的诉讼代理人向陈某提起诉讼，要求陈履行其虚构的借款协议中的还款义务，并以陈某与包某的共有房产作为保全对象，向法院申请保全。在获得法院制作的调解书后确认了该虚假债务关系的法律效力。而后，在包某提起的离婚诉讼中，陈某提交了这份以虚构债务关系引发诉讼取得的调解书，用以证明尚未清偿的夫妻共同债务。次年，陈父向公安自首，交代虚构陈某与沈某间债务引发诉讼的事实。

从案件内容看，律师何某为虚构事实实施恶意诉讼行为的主导者，其身份为前诉的诉讼代理人，是当然的恶意诉讼行为主体。陈某与沈某为虚假前诉的当事人，陈父虽未参与诉讼，但在整个恶意诉讼行为实施的过程中起了参与协助的作用，因此亦可认定此三人为恶意诉讼行

---

〔1〕 参见陈艳、金涛：《诉讼代理人策划虚假诉讼如何处理》，载《人民检察》2010 年第 23 期。

为实施主体。在本案中,在陈父自首后呈现的法律关系并不复杂,但对于代理人如何成为恶意诉讼行为主体这个问题,却可引发更深入的思考。

代理人包括委托代理人和法定代理人两种。对于委托代理人而言,其实施的诉讼行为是在被代理人的委托下产生的,即使其实施了恶意诉讼行为亦是基于被代理人的意思表示,代理的后果应当由被代理人承担,委托代理人在此仅以一种行为工具的身份出现,自然不用追究其法律责任。因此,在追究委托代理人参与实施恶意诉讼行为的法律责任时,亦应当区分情况来对待。如案例七中,何某的情形,概括来说属于授予犯意型的委托代理人。陈某与其父亲在寻求何某协助实现多分夫妻共有财产时,仅具备实施侵害的意图,并不知悉利用虚构法律事实提起诉讼的侵害方法。何某作为律师,运用其专业知识策划并参与了整个恶意诉讼行为,在此情形下能够形成这样一个虚假诉讼完全在于何某的主导,对于承担恶意诉讼行为构成的法律责任,何某具备该当性。进一步需要思考的是,若提出假设,委托代理人在此仅是以工具身份存在,那么其在恶意诉讼行为为主导的案件中,如何可以免责。

按照《中华人民共和国律师法》(以下简称《律师法》)第 37 条的规定,律师的辩护意见仅在危害国家安全、恶意诽谤他人以及扰乱法庭秩序时才会被追究法律责任。因此,律师在不知悉其代理的案件为双方当事人虚构事实引发的恶意诉讼行为时,具有免责性。此外,根据该法第 38 条第 2 款的规定来看,律师在知晓委托人或他人不愿透露的事实时,应当履行保密义务。而恶意诉讼行为并非该条款但书中规定的危害国家安全、公共安全以及危害他人人身安全的行为,遂律师在代理案件的过程中知悉其委托人实施恶意诉讼行为时,并没有举报的义务,亦不可因其知情不告而追究法律责任。在此情况下,律师得依照《律师法》第 32 条的规定,拒绝为其委托人代理该案件。总结来看,对于委托代理人可以被认定为虚构事实型恶意诉讼行为主体的情形有两种，其一是该虚构事实型的恶意诉讼行为系由委托代理人主导策划，授予委托人实施；其二是当其知晓所代理的案件系虚构事实型恶意诉讼行为时，不行使《律师法》第 32 条规定的拒绝代理的权利，继续实施代理行为。

然而，恶意诉讼行为，除虚构事实提起诉讼之外，还有以阻碍纠纷解决为目的的情形。在以阻碍纠纷解决为目的的恶意诉讼行为中，可能此处的被代理人由于其欠缺法律方面专业知识，对此追求的恶意诉讼行为过程是否违法并不知晓，但追求恶意诉讼行为结果的内容其是了解并授权代理人作为的。再进一步说明，被代理人授权代理人实施恶意诉讼行为的犯意，可能是因为代理人的建议而产生的，但因为其最终享有决定的权利，这样违法行为的实施亦在其掌握范围内，且大多数恶意诉讼行为的内容可以通过道德常识判断出来，因此这样违法行为的最终后果还是应当由被代理人与委托代理人共同承担。

代理人的类型除委托代理人外还有法定代理人，对于法定代理人而言，往往最终的法律后果是由其与被代理人共同承担，鉴于其自身在诉讼中的身份相当于被代理人，因此其实施的恶意诉讼行为造成的法律责任会被其当然地承担，对法定代理人的讨论可以等同于当事人来讨论。

## 二、代理人之外的其他诉讼参与人

我国《民事诉讼法》中并未详细列明其他诉讼参与人的种类，根据《中华人民共和国刑事诉讼法》第 108 条的规定，代理人之外的其他诉讼参与人包括证人、鉴定人以及翻译人员。对于此处的其他诉讼参与人而言，除翻译人员外均起到的是对案件事实进行证明的作用。仅凭单独的证人证言和鉴定人意见很难完成一项恶意诉讼行为，若欲达到

"创设原程序审查之外的新纠纷"或"阻碍具有实质纠纷的诉讼程序进程"这两种恶意诉讼行为的直接后果,须有当事人或代理人的授意并辅助其他诉讼行为。因此,基本不存在证人和鉴定人单独实施恶意诉讼行为的可能,此两种诉讼参与人仅在恶意诉讼行为中起辅助作用。对于翻译人员而言,其言行仅是对被翻译者语言的转译,即使被翻译者实施的是恶意诉讼行为,翻译人员亦不应当因其翻译行为而受到非议,若翻译人员扭曲被翻译者的实际表达形成恶意诉讼行为,则应当承担相应的法律责任,但此类情形出现的可能性较小,被翻译者几乎不可能在自身行为被扭曲的情形下而无从发觉,因此不应当将翻译人员纳入恶意诉讼行为的主体范围。

对于证人和鉴定人辅助参加恶意诉讼行为的情形,法条中亦规定了相应的处理办法。按照《民事诉讼法司法解释》第 119 条的规定,证人在出庭作证前将被告知作伪证的后果,并要求签署保证书。第 120 条规定,拒绝签署保证书的证人将丧失出庭作证的资格,并被要求自行承担作证的相关费用。第 189 条规定,签署保证书后的证人作伪证的,需按照《民事诉讼法》第 114 条的内容处理。对于鉴定人,在我国《司法鉴定人登记管理办法》中,对提供虚假鉴定意见的行为均规定了相应的惩罚措施,并且鉴定人的鉴定行为受到国家司法行政机关的监督,还建立鉴定人诚信档案向社会公开。因此,证人和鉴定人可依其对案件事实的证明作用辅助参与到恶意诉讼行为当中,当然地承担法律责任。

## 三、法官

按照前文的论述,恶意诉讼行为是违背诚实信用原则的诉讼行为,关于诚实信用原则适用的主体,可以从我国既存立法中寻求立法者的态度。在我国程序法中,最早出现有关诚实信用内容的条款,是 2002 年最高人民法院颁布并实施的《关于民事诉讼证据的若干规定》第 7

条,依照其规定,在法律、司法解释以及本证据规定中没有明确证明责任的承担时,人民法院可以依照诚实信用以及公平原则确定举证责任。该内容阐述的是举证责任于法无明文规定时的补充,鉴于举证责任只发生于当事人之间,因此该条文内容在明确诚实信用原则适用主体上的态度是仅限于适用于当事人之间。《民事诉讼法》出台之前的草案中亦将诚实信用原则定位在当事人之间,并明确了当事人行使权利时应当遵守诚实信用原则。随着正式立法的出台,在现行《民事诉讼法》第13条中规定了民事诉讼应当遵循诚信原则,从语言表达来看,这样内容的表述较之前立法文本的表述更为宽泛。从立法文本语义分析的角度考察该条文内容,在立法阐述思想的表达方式中寻求答案,[1]一条引人注意的信息为:带有被告知者应当服从的意向时使用的语言表达形式是祈使语气,这样的表达带有命令和服从的内容。[2]《民事诉讼法》第13条的表述即是此种祈使的形式。该条文第2款对权利滥用禁止的表述同样带有命令的效果。命令这个概念与威胁是有固定的逻辑联系的,这也是立法在后文法条中有规定对权利滥用处罚的要求的体现。因此,诚实信用原则并非仅仅止于宣誓和教育的作用,其内容是可以真实地作用并对违反者带来否定性评价的。细观该立法条文中的文字表述,若将第13条规定的两款内容作为因果关系考虑,则民事诉讼遵循诚实信用便成为当事人处分权的前提,这样的理解还是将诚实信用原则的适用范围限定在当事人之间;若将此两款内容作并列的关系考虑,则指的是对民事诉讼各程序进行时的参与者需遵守诚实信用原则,当事人亦包含在内,并且着重强调当事人在诉讼上的处分权是受诚实信用原则约束的,肆意行使处分权的行为会带来法律的否定性评价。法

[1] 参见梁晓俭、宫燕明:《哈特法律规则说的解释学研究》,载《法学》2003年第3期。

[2] 参见[英]哈特(H. L. A. Hart):《法律的概念》,张文显等译,中国大百科全书出版社1996年版,第18~21页。

官亦不在其调整范围之内。

从域外立法例中有关诚实信用原则规定的经验来看,在日本新民事诉讼法立法初期,对诚实信用原则的规定主要是期待诉讼程序被公正且迅速地推进,当事人及其他诉讼参与人应当依照诚实信用原则配合法院。这样的设置受到日本学者的批判,认为法院相对于当事人和其他诉讼参与人而言本就属于强势一方,再以此原则性规定强化法院对诉讼程序操作与指挥的权能,不利于平衡当事人诉讼权利和法院职权之间的权重。但该内容中体现出的法院负有为了公正而迅速推进诉讼程序运作的职能不容被忽视。[1] 法院应当适用诚实信用原则作为对审判效率的监督,对诉讼程序的有效推进可以有效地遏制阻碍纠纷型恶意诉讼行为的危害,使纠纷的解决更具效能。但就法院如何适用诚实信用原则,亦有其值得被关注的意义。

对于法院而言,诚实信用原则的适用在于对法官的监督,法官行使审判权对案件进行裁判自由时,在有法可依的情况下自当适用法条内容予以审理,但出现法律规定模糊需要法官行使自由裁量权时是否应当运用诚实信用原则进行监督的问题亦被学者提出了讨论。自由裁量权产生的根源在于成文法的局限性,法官之所以运用自由裁量并非出于诚实信用原则的要求,而在于克服现行立法适用的僵化。诚实信用原则本身在裁判中出现的可能亦是出于法律条义对新型法律关系裁判的不可适用性,与自由裁量之间并非并列的逻辑关系,而应当是因果的关系。法官在克服法条适用机械性时通过自由裁量适用诚实信用原则,来评价法律关系产生裁判结果。再者,法院在行使自由裁量时是否存在徇私枉法不诚信的行为,亦受到法律明文规定的监督,《民事诉讼法》第 46 条明确规定了对法官秉公办理案件的要求,法官在裁判时的

---

〔1〕 参见王亚新:《我国新民事诉讼法与诚实信用原则——以日本民事诉讼立法经过及司法实务为参照》,载《比较法研究》2012 年第 5 期。

不诚信行为亦受到程序法之外实体法的明文调整。鉴于此，诚实信用原则并非单独地适用法官自由裁量的行为。我国学界将诉讼领域的诚实信用原则归纳为两层含义，其一指的是行为意义上的诚信，即当事人及其他诉讼参与人在进行诉讼活动，诉讼行为上的诚信，以及法官在审判中行使审判权指挥程序形成裁判结果的诚信；其二指的是实质意义上的诚信，即当事人及其他诉讼参与人和法院在诉讼过程中，应当维持当事人利益以及社会利益之间的平衡。[1] 由此看出，诚实信用原则在程序进行上适用于当事人及其诉讼参与人，以杜绝恶意诉讼行为的发生，同时监督法院指挥诉讼程序诚信裁判；在实体法效果上亦适用于民事诉讼法律关系主体对权利义务平衡的维系。但对于法官自由裁量的行为，因为法官对诉讼审理并没有拒绝的权利，审理内容上具有徇私枉法不公裁判的情形亦被具体的成文法所规制，遂该原则不能单独适用于评价法官自由裁量的行为。[2] 因此，法官在庭审中的裁判行为不可能单独构成恶意诉讼行为，参与庭审的法官在恶意诉讼行为中仅以辅助结果发生的身份出现。

在我国最高人民法院《关于完善人民法院司法责任制的若干意见》和最高人民检察院《关于完善人民检察院司法责任制的若干意见》的规定中，主要规定的司法责任包括：故意违法责任、重大过失责任和监督管理责任。[3] 此外根据《民事诉讼法司法解释》第 144 条规定，法官在庭审中有发觉当事人实施恶意诉讼行为的义务。由此可知，法官对于恶意诉讼行为承担责任的情形只存在其主观上具有故意或重大过失两

---

〔1〕 参见聂明根：《民事诉讼法上诚实信用原则研究》，载陈光中、姜伟主编：《诉讼法论丛》(第 4 卷)，法律出版社 2000 年版，第 328～329 页。

〔2〕 参见杨秀清：《解读民事诉讼中的诚实信用原则》，载《河北法学》2006 年第 3 期。

〔3〕 参见张德利：《关于〈关于完善人民检察院司法责任制的若干意见〉的说明》，载最高人民检察院司法体制改革领导小组办公室编：《人民检察院司法责任制学习资料》，中国检察出版社 2015 年版，第 81 页。

种可能。对于监督管理责任而言，针对的是法官承担故意或重大过失责任中的监督管理者，即在追究直接案件办理法官责任之外，还需对该法官的监管者追究其监督失职的责任。[1] 此处阐明的是作为直接办理案件的法官，成为恶意诉讼行为辅助者的责任。虽然法官在诉讼过程中作出裁判的行为为职务行为，但承担法律责任的依旧是法官个人而非法院。根据最高人民法院《关于审理民事、行政诉讼中司法赔偿案件适用法律若干问题的解释》（以下简称《民事行政诉讼司法解释》）的规定，其中第7条明确了对于申请保全错误，申请先予执行错误，据以执行的法律文书效力被撤销的，法官与行使职权无关的个人行为，均不属于司法赔偿的范围。再进一步分析，法官作为司法工作从业者，对诉讼程序及结果有较为深刻的认知，因此，也存在法官在非直接办理的案件中，为恶意诉讼行为实施者提供意见，进行教唆的可能。在此种情形下，不应当再对其冠以法官的身份，而当依照一般主体身份追究其法律责任。

〔1〕 参见朱孝清：《错案责任追究与豁免》，载《中国法学》2016年第13期。

# 第三章 恶意诉讼行为的表现

## 第一节 恶意诉讼行为在实践中的表现

在2012年我国《民事诉讼法》进行全面修订之前,我国司法实务界对此进行了长期的摸索和实践,逐步就该违法行为规制的必要性达成了共识。早期的研讨主要以特定领域内出现的恶意诉讼行为为主要对象,力图在单方面类型的诉讼案件中寻求突破。[1] 随着该现象的多发,地方法院也力求通过出台地方司法政策性规定来探寻针对恶意诉讼行为的普适性规制方法,其主要内容包括对恶意诉讼行为可能涉及的案件类型进行归纳,警示诸如此类案件中可能出现的恶意诉讼现象;引导当事人诚信对待诉讼;法院依职权调查恶意诉讼行为;审慎对待撤

〔1〕 2004年,最高人民法院民三庭会集部分地方法院和新华社等媒体在京召开了研讨会,形成了关于恶意诉讼问题的研究报告。其中提及我国当时的立法中并没有专门针对恶意诉讼的规定,虽在《民法典》的起草中有所提及,但最终被排除。该讨论会将知识产权领域内的恶意诉讼问题作为实际应用探讨的基础,得出恶意诉讼是行为人以故意为主观状态而为的,无事实依据和正当理由,以损害他人为目的提起民事诉讼的行为。

诉和案外人申请再审的案件。[1] 但鉴于《立法法》已明确规定了地方司法机关不得作出具体应用法律的解释,[2]将这类地方司法政策性规定视作司法解释则会导致其效力位阶的错位。[3] 此类规定的效力仅限于制作该规定的地方法院及其下级法院,[4]适用范围十分有限,很难达到全国性的指引效果。随着对此类违法行为进行系统规制的需求增高,最高人民法院于 2016 年出台《关于防范和制裁虚假诉讼的指导意见》(以下简称《虚假诉讼指导意见》),以维护司法权威与公信,保障司法秩序与案外人合法权益为角度,打击虚假诉讼行为。该文件从其效力上起到了指导全国法院在案件审理时甄别并规制虚假诉讼行为的作用,但虚假诉讼相对于恶意诉讼行为而言,其涵盖范围依旧存在局限性。在涉及恶意诉讼行为案件的发生呈现普遍上升趋势的过程中,[5]表现出来的案发领域也从诉讼程序至非讼程序以及执行程序,[6]且当事人利用媒体恶意炒作,上访等非正常手段干预法院司法裁判的事件

---

[1] 2008 年,浙江省高院在本省范围内制作有关防范和查处虚假诉讼案件的地方司法政策性规定,这是在恶意诉讼行为被立法规定前出台的一部内容较为完善的地方司法解释,其中不仅对该行为作出了明确的定义,还从 6 个方面将该行为可能出现的案件进行类型化,并为如何处置该类行为提供了参考依据。

[2] 参见《立法法》第 119 条第 3 款的规定:"最高人民法院、最高人民检察院以外的审判机关和检察机关,不得作出具体应用法律的解释。"

[3] 参见李富金:《地方法院无权发布司法解释性文件》,载《法学》1998 年第 2 期。

[4] 参见陈甦:《司法解释的建构理念分析——以商事司法解释为例》,载《法学研究》2012 年第 2 期。

[5] 2010 年,广东省高级人民法院举办了防范打击虚假民事诉讼案件的研讨会,通过该省高级人民法院及其他 8 家市级人民法院的不完全统计得出自 2001 年起至 2009 年,共计 940 件虚假民事诉讼案件发生于该省,通过对案件类型化进行总结,该类诉讼主要集中表现于不动产权属买卖、劳动关系、借贷、离婚等纠纷及相关执行案件,其中以不动产权属纠纷居多,占总案件的 75%。

[6] 2012 年年初,山东省潍坊市奎文区人民法院通过调研形成了关于恶意诉讼案件的调研报告,其中提及恶意诉讼案件的发生呈现多发上升趋势;案件类型也有所增加,突出表现在民事行为能力认定案件中。

也时有发生。[1] 恶意诉讼行为挑战了司法权威和公信力。当事人通过不法地利用诉讼程序,在明知缺乏诉的利益的情况下依旧提起诉讼,或达到扩大个人或企业知名度,或达到诋毁他人名誉这样的诉讼外非法目的。诸如此类的违法行为,远不是虚假诉讼可以概括的,因此有必要从恶意诉讼行为在司法实践中的具体表现进行归纳,由此作为总结该违法行为构成要件中表现出的恶意内容,以及产生法律责任具备特征的认识基础。

## 一、立案阶段骗取管辖权

党的十八届四中全会的召开意味着一次全面的司法改革的到来。法治不是经济发展的助推,而是社会运行的保障。《中共中央关于全面推进依法治国若干重大问题的决定》中明确提出对公民起诉的保障:"改革法院案件受理制度,变立案审查制为立案登记制,对人民法院依法应该受理的案件,做到有案必立、有诉必理,保障当事人诉权。"人民法院将立案工作进行改革,由原来的立案审查制转变为立案登记制。该项改革虽然在一方面保障了当事人的起诉权,让起诉行为均在法院被记录;然而另一方面,强调保障起诉的同时,在一定程度上也让恶意诉讼行为者有机可乘。

2022 年修改并施行的《民事诉讼法司法解释》在第 208 条第 1 款中规定了不能当面判断是否符合起诉条件的情形。此处虽然规定了必须接收材料且出具证明,但事后如何处理并没有规定。这里也不应该简单地联想第 2 款补充材料中的 7 日作出决定的期限规定,应该将不能当面判断与单纯的材料欠缺区别对待。对于单纯地补充材料而言,立案

---

[1] 参见李爱伟、冯海珍、杜娜娜:《惩防并举　遏制恶意诉讼——山东省潍坊市奎文区人民法院关于恶意诉讼案件的调研报告》,载《人民法院报》2012 年 1 月 12 日,第 8 版。

工作仅是对申请材料进行形式审查,而判断是否应当立案则是对立案材料的内容进行实质内容上的判断。现阶段的立案登记制度,在一定程度上降低了立案标准使当事人更加容易迈出诉讼的第一步。然而,如何应对就立案登记制度下仍旧表现出的起诉条件设置过高问题,归纳来看其实质是将判决要件等同于起诉条件以及诉讼开始条件的后果。[1] 由于立案登记极富弹性的规定使实践中依旧存在适用上的困惑,此时如若一味强调降低立案标准同样容易引发滥诉的风险。[2] 北京市通州区人民法院在总结立案环境恶意诉讼行为高发的问题上指出,当事人可能通过开具虚假居住证明骗取管辖权;亦可能为逃避有管辖权的法院,恶意串通约定管辖法院;还可能通过"第三人"营造有管辖权的假象;或通过压低诉讼标的额逃避级别管辖。[3] 由此可知,立案阶段的恶意诉讼行为主要表现为骗取法院的管辖。若强调在立案阶段就判断是否具有恶意诉讼行为的存在,显然是将起诉条件混用于诉讼开始的条件,对于实施恶意诉讼行为的当事人来说,其欲追求的是案件顺利地走进诉讼程序,在准备立案材料时必然会掩盖其不法目的,强调在此阶段就进行恶意诉讼行为的实质判断显然有违立案登记制度设立的初衷。因此如何规制恶意诉讼行为,有效地防止这样一种违法行为的发生,立案登记制度的设置仍需完善。

## 二、通过调解骗取既判力

诉讼调解,也称为法院调解,是指在人民法院审判人员的主持下,双方当事人自愿就民事权益的争议平等协商达成协议,从而解决民事

---

〔1〕 参见张卫平:《起诉条件与实体判决要件》,载《法学研究》2004 年第 6 期。

〔2〕 参见本刊记者:《解决"立案难"要立足中国国情——本刊记者访西南政法大学教授、博士生导师、司法研究中心主任徐昕》,载《中国审判》2007 年第 1 期。

〔3〕 参见北京通州区法院工作人员提供的法院内部参考资料。

纠纷的活动。在我国调解被区分为审前的调解和诉讼中的调解，因此，对于调解阶段的恶意诉讼行为可以理解为审判前准备阶段发生的恶意诉讼行为和审理过程中发生的恶意诉讼行为。一般认为，在国外并没有与我国法院调解相对应的概念和制度。从制度功能和构造看，在德国、日本被称为诉讼和解，学者在议论诉讼和解既判力时，多以诉讼和解性质为基础，从性质上推演诉讼和解的既判力。

关于诉讼和解的性质以及是否可以引发既判力的效果，一度处在争议的阶段。[1] 诸多争论的中心议题是“私法上的瑕疵如何与诉讼上的效果发生关联”，其潜在的价值判断是：诉讼和解与判决一样注重纠纷解决的功能并承认其既判力，还是强调当事人在解决纠纷中的意思自治，当出现意思瑕疵时即承认和解无效或将其撤销。根据我国《民事诉讼法》的规定可以推知，诉讼调解与判决一样具有既判力。第一，《民事诉讼法》第 9 条将诉讼调解规定为民事诉讼法的原则，明确要求“人民法院审理民事案件，应当根据自愿和合法的原则进行调解”。再追溯此前进行民事诉讼“以调解为主”的方针，完全可以说，即便在目前情形下，诉讼调解作为一种解纷方式至少与判决具有同样的地位，甚至更高。第二，依据《民事诉讼法》第 97 条、第 98 条、第 100 条的规定，调解

---

〔1〕 关于诉讼和解的性质和效力，有主张诉讼行为说，如吴泽勇认为，作为一种纠纷解决方式，诉讼和解只能被看作诉讼行为，并赋予其确定判决效力。参见章武生、吴泽勇：《论诉讼和解》，载《法学研究》1998 年第 2 期。有主张“两性说”如张晋红认为，诉讼和解具有诉讼行为与民事法律行为并存的两种法律性质，并赋予与确定判决的法律效力。参见张晋红、易萍：《论民事诉讼和解制度的完善》，载《法律科学（西北政法学院学报）》1999 年第 5 期。李旻认为，尽管当事人和解发生于民事诉讼过程中，但其仍属于私法行为，并认为和解协议经司法审查后，可获得调解结案效力，具有强制执行力。参见李旻：《调解语境下的民事诉讼和解》，载《南京理工大学学报（社会科学版）》2011 年第 6 期。杨路认为，对诉讼中和解的法律性质，可以行为两性说为主，兼采诉讼行为说的某些合理成分，将我国的民事诉讼中和解视为既具有民法上和解的性质，又具备诉讼法上的效力。参见杨路：《诉讼中和解制度研究》，载《法律适用》1998 年第 12 期。

在人民法院主持下达成调解协议并经双方当事人签收后,即具有法律效力,当事人不得提起上诉。若当事人一方拒绝履行调解书或调解协议所确认之义务的,另一方当事人可申请人民法院强制执行。可见,法院调解与判决具有同样的效力。第三,依据《民事诉讼法》第 205 条与《民事诉讼法司法解释》第 384 条的规定,当已经发生法律效力的调解书违反自愿原则和内容违反法律规定时,只能与错误判决的救济方式一样申请再审,而不能于调解书有实体法上无效或可撤销事由时,申请无效或撤销并按照原来的程序继续审理。也许正是基于以上立法和司法解释及实务的影响,在诉讼调解既判力问题上,学理上的主流观点一直是,诉讼调解是“人民法院行使审判权的方式之一”,凡经诉讼调解达成协议的,一般由人民法院审查认可制作调解书,调解书经双方当事人签收后,即产生与生效判决相同的法律效力。若从另一个角度考虑,假设法院对诉讼的调解,当事人达成合意后制作的调解书没有既判力的效果,那么在追求既判力的恶意串通型恶意诉讼行为引发的诉讼程序中,恶意串通的当事人为了追求法院的既判力,亦可以不选择以调解的方式结案,而直接从事实上引导法院向自己期待的方向作出判决,并最后接受法院的判决。可见,在我国生效的法院调解书或生效调解协议与生效判决具有同样的法律效力,不仅能够引起民事诉讼程序的终结,而且还更为彻底、妥当地解决了当事人之间的民事权益争议,故诉讼调解具有既判力。正是由于调解带来的既判力效果符合恶意诉讼行为者的追求,该类违法行为实施者多选择通过调解的方式骗取判决文书。

## 三、滥用权利拖延诉讼进程

当事人除骗取法院裁判达到不法目的之外,在诉讼过程中通过滥用诉讼权利的方式拖延诉讼的进程,也是恶意诉讼行为的一种表现。

司法实践中,除前述案例中利用管辖权异议申请方式追求阻碍纠纷解决外,还存在其他被不当利用以追求拖延程序进程的诉讼行为。(1)恶意逃避送达。文书的送达是法院将阶段性诉讼效果及予对方当事人的方法,现代送达方式多样,但鉴于某些文书的特殊性,有些也需要通过专门的方式送达才可达到法定的效果。当事人通过恶意逃避送达的方式,使法院在某些情况下不得不采用公告送达的方式对其送交法律文书,这样使本可在短期内完成的诉讼进程拖延至公告需要等待一定的期间届满。虽然公告送达是法院的一项职权行为,但同样表示在其他方法无法送达的情况下,当事人享有被公告送达的权利,以逃避送达的方式引发公告送达的结果,同样是滥用权利的表现。(2)虚假的调解申请。当事人借口庭外调解,在申请获准后寻找借口无故拖延,或达成调解但未实际履行,或最终无法达成调解,法院重新进入审理阶段。(3)增加、变更诉讼请求或恶意提起反诉。当事人在举证期间增加、变更诉讼请求或提出反诉,并借以要求延长或另行指定举证期限,从而达到拖延的效果。(4)恶意地申请鉴定。当事人利用鉴定的申请,将对方提出的证据甚至自己提出的证据,要求鉴定其真实性,或仅提交部分的证据进行鉴定,而后又以新的证据内容为理由,对之前的鉴定不予认可要求重新鉴定。(5)无胜诉可能的上诉。当事人即使在了解上诉亦不可能改变一审结果的情况下,坚持上诉,以此拖延判决的生效。(6)延迟举证和证据突袭。当事人不当地利用申请法院调取证据的权利,故意在开庭审理时申请法院调取证据,或申请延期举证,或不一次性提出所有证据并以发现新证据为由要求多次开庭。在证据的真实性认定以及证据内容上反复,以此加大庭审难度,延长审理期间。(7)证明妨碍之行为。当事人以非正当手段妨碍他方当事人举证的行为,并非仅止于妨害真实的发现,对于诉讼进程的推进也会造成不利的影响。[1] 从这些行为的外观分析引发民事诉讼法律责任的恶意内容来看,当事人行使的均是诉讼法所规定的正当权利,但其目的上对理性的偏离带来了对诉讼程序正常运行的阻碍,从而阻碍了纠纷的解决,使当事人之间的权利义务关系处于不稳定的状态。

## 四、执行阶段逃避法律文书确定的义务

《民事诉讼法》第 116 条明确规定了被执行人通过恶意诉讼行为逃避法律文书确定义务的违法行为。可见恶意诉讼行为不仅在立案和审理阶段出现,在面对生效的判决被执行时,当事人也可以依据在执行环节通过恶意串通的方式提起其他诉讼转移自身财产,以此来规避执行。除法条中明文规定的情形外,司法实践中依据总结出利用执行阶段特有的恶意诉讼行为规避法律文书确定的义务。《民事诉讼法司法解释》第 468 条、第 469 条赋予了当事人在执行过程中可以提供执行担保的权利。执行担保一方面可以起到暂缓执行的效果,另一方面执行担保中提供的担保财产可能是执行人或担保人与他人的共同财产,亦可能是案外人的财产。当暂缓执行期限截至,被执行人仍然不履行法律文书规定义务时,法院执行担保财产会因该财产上存在的权利瑕疵而无法正常实现执行的效果。同样执行抵押物也可能因为该物上存在其他的担保物权,法院若直接执行抵押物时便可能侵害其他债权人的在受偿顺序上的利益。这些可能发生在执行阶段的恶意诉讼行为都无益于纠纷得到真正的解决。

## 五、滥用非讼程序

《民事诉讼法》第十五章特别程序中规定了利害关系人可以申请宣

---

[1] 参见许士宦:《新民事诉讼法》,北京大学出版社 2013 年版,第 284 ~ 286 页。

告失踪以及宣告死亡的权利。若此处的诉讼权利被滥用,申请人在骗取法院关于宣告失踪或者宣告死亡的判决后,前者可以成为财产管理人处分被申请人的财产;后者可以因其身份直接继承被申请人的“遗产”。此外,恶意串通的申请人还可以利用法院确认调解协议的特别程序侵害第三人的合法权益。[1] 除特别程序外,《民事诉讼法》第十七章规定的督促程序中,支付令的申请人也可以通过法院对支付令的执行帮助被申请人转移财产。这些恶意诉讼行为均是通过对程序的故意滥用,来达到程序之外的不法目的。

从上述恶意诉讼行为的具体情形中可以看出,基于程序法具有严密细致且逻辑性强的特征,参与诉讼程序中的当事人都必须严格地遵从;但不可忽视的是,严格的程序在被遵从的过程中可能存在误用滥用从而引发有关缺乏诚信、恶意以及显失公正的问题。我国《民事诉讼法》中已然存在了对违反该法的行为进行否定性评价的规定,可以说从立法以及社会伦理的角度来看,现有的程序法都在彰显对恶意诉讼行为的排斥。自由裁量这个惯常使用的概念,也被认为是法官在法典没有细化规定情况下的补充,以及依照立法目的衡量诉讼行为的效力,平衡当事人之间的利益,处理有关诉讼活动,杜绝恶意诉讼行为发生的利器。从这个意义上说,程序规则展现在整个立法中的性质与结构通过自由裁量的形式表现于个案作用显著。然而,不可否认的是自由裁量并非仅仅属于法院的专利。当事人在选择是否进入诉讼程序的那一刻开始,始终都在运用自己的自由裁量对自己的诉讼行为作出选择,[2] 在诉讼进行过程中的某些阶段和时期当事人通过自由裁量形成内心的诉讼策略,决定了诉讼程序的推进与否。从这个角度来看,我们现有的

---

[1] 参见肖建华:《论恶意诉讼及其法律规制》,载《中国人民大学学报》2012 年第 4 期。

[2] 参见[意]米歇尔·塔鲁佛:《诉讼权利的滥用:程序正义的比较标准》,刘敏、陈爱武译,载《金陵法律评论》2007 年第 1 期。

诉讼程序实质上是一种选择的秩序,秩序的构成是由立法者创制的既存的法律程序,程序的推进在于当事人在立法框架内相对自由的选择,每一次的选择都意味着进入相对应的既定秩序中。正是因为这种当事人对程序推进的自由裁量,使诉讼行为并不完全依赖于法律的规定,可以说在同一的程序法规定之下不同的案件仍旧会有不同的诉讼行为,这也正说明了个案中既存在具有共性的秩序遵从结果,又存在具有个性的因当事人诉讼行为而产生的法律评价。也因为此种个性的产生,导致当事人诉讼行为的评价结果出现了多样与复杂,表现出来的评价结果包括是否恶意,是否公正,是否妨碍诉讼效率,是否正在解决纠纷等内容。对恶意诉讼行为的认识与研究意义就在于,在诸多外观合法的诉讼行为中,探析当事人对诉讼行为作出的选择,从个性的选择引发的秩序结果中,探讨对当事人诉讼行为内容的评价。

## 第二节　行为要件表现出的恶意内容

我国立法对恶意诉讼行为中存在恶意内容的规定较为笼统,《民事诉讼法司法解释》第 190 条中叙明了,《民事诉讼法》第 115 条中被侵害的他人权益包括:案外人的合法权益、国家利益、社会公共利益。从该条文内容看,恶意诉讼行为中引发法律责任的恶意在于对这三类利益的损害。其中,对案外人合法权益的损害可以理解为对案外人的程序利益和实体利益的损害;国家利益内容的损害所指的是当事人企图利用诉讼规避国家法律或政策性规定的内容;对社会公共利益的损害主要表现为对司法权威的损害,阻碍司法资源的有效利用,同时强调恶意诉讼行为违背公序良俗的一面。但该司法解释并没有提出《民事诉讼法》第 113 条中恶意诉讼行为的恶意内容,因此可以将第 113 条中的情形理解为,此处遭受侵害的是申请执行人的利益,该部分利益已经被生效法律文书所确定,自当不用在司法解释中重复强调。然而仅仅作上述这样内容的解释,对恶意诉讼行为中引发民事诉讼法律责任的恶意内容依旧存在认识不清的状态。因为,虽然规定了需要保护的利益,但引发利益受损的恶意内容并没有被标准化规定,没有说明必须达到何种程度时才会引发法律责任。因此,有必要参照其他立法例中有关恶意诉讼行为恶意内容的规定进行分析。美国关于恶意诉讼行为的规制主要见于《美国侵权法重述二》中的归纳。在美国恶意诉讼行为被区分为三种类型:恶意刑事告发(Malicious Prosecution)、恶意提起民事诉讼(Malicious use of civil procedure)以及滥用诉讼程序(Abuse of process)。[1] 后两者是关于民事诉讼方面恶意诉讼行为的规定。其中关于恶意内容的认定往往采用"特别损害"(special injury)[2]的标准,其内容指的是诉讼程序被不法利用基于的是完成一个特定的目的,并对特定的人或特定的财产造成损害。[3] 因此,从特定的目的与造成的"特定损害"出发,方可寻求恶意诉讼行为引发民事诉讼法律责任的恶意内容。

从恶意诉讼行为目的来看,按照前书关于恶意诉讼行为中行为要件内容的阐述,一方面可能是当事人将现有的诉讼程序作为侵害的手段,通过纠纷解决程序的结果造成"特别损害",从而引发一个新的纠纷状态;另一方面可能是在原有的纠纷解决过程中为了不法目的阻碍纠纷的解决。前者的目的是直接引发"特别损害",后者的目的是拖延诉

---

〔1〕 See John Williams, *False Arrest, Malicious Prosecution, and Abuse of Procession § 1983 Litigation*, Touro Law Review, Vol. 20, p. 705(2004).

〔2〕 Leon I. Alexander, *Wrongful Attachment Damages Must Be Fixed in the Original Suit*, University of San Francisco Law Review, Vol. 4, p. 38(1969).

〔3〕 See A. M. Witte, *Damages for Injury to Feelings in Malicious Prosecution and Abuse of Process*, Cleveland State Law Review, Vol. 15, p. 15 -25, 1966.

讼侧面产生“特别损害”。因此,在分析恶意内容时需要以前述对恶意诉讼行为的行为要件为基础,通过分析具体的情况,了解恶意内容的具体表现。从行为要件看来,恶意诉讼行为者的行为方式主要通过表面上符合法律规定的诉讼行为来表现,诉讼行为对程序的影响直观的表现是引发诉讼程序的开始,以及改变诉讼程序的进程。这两个直观的影响隐藏着违法者对不法目的的追求,同时违背了立法对诉讼程序设置的原始目的。因此,在分析行为要件中表现出来的恶意内容时,应从引发诉讼程序和阻碍诉讼进程两个角度进行分析。

## 一、虚构事实引发诉讼的恶意内容

司法运行的结果由于具有司法权威性,因此较一般的民事行为而言在外观上更加具备确定力。虚构事实引发诉讼的当事人欲通过程序运行的结果达到不法目的,从而使新的纠纷被动地产生。判决的权威作用被利用的具体表现有以下三个方面[1]:

首先,表现出来的是拘束力被不法利用。在判决产生之后,该法律文书的拘束力表现为,对判决内容确定的权利义务关系双方当事人必须服从,从而可以按照判决确定的内容行使权利并要求对方履行义务。在恶意串通的情形下,判决的拘束力为双方转移财产或为系争财产的取得赢得的正当的外观理由。根据《民法典》第229条的内容,以分割共有不动产或动产为内容并已生效的法律文书可以改变物权的归属,同时法院在执行过程中的拍卖成交裁定书和以物抵债裁定书亦有相同效果。从权利义务实现角度来看,司法程序的裁判后果可以直接产生实体法律关系变动的效果。恶意串通的行为人利用这一拘束力使他人实体法上权益减损,或减损自身实体法上权益损害第三人权益的事实,

---

〔1〕 参见吴英姿:《判决效力相对性及其对外效力》,载《学海》2000年第4期。

完全符合前文提及的“特别损害”内容。

其次,表现出来的是既判力被不法利用。司法裁判产生的拘束力主要表现在实体法的效果上,既判力的产生主要表现的效果存在于诉讼程序之上。产生既判力后的法律事实将不得再次被提起争议,因而让裁判确定下来的法律关系存在“不可争议性”。这样也使拘束力产生的实体效果被再次巩固,为案外权益受侵害者再行争议系争事实增加难度。根据《民法典》第229条规定,享有物权的主体即使未发生物权变更的登记,依旧可以请求物权的保护,可见这样产生的既判力让原本存在前诉双方当事人之间的“一事不再理”状态扩张成对世性的效力。

最后,表现出来的是执行力被不法利用。执行力从广义的角度理解指的是对司法裁判内容的实现。狭义的角度来看则指的是司法裁判内容中包含给付内容时,若负有义务的当事人没有自觉履行法律文书确定的义务,则另一方当事人可以请求法院进行强制执行。执行力的效果是具有国家强制力保障实施的。有学者指出,我国《民法典》物权编第229条规定的因公权力引发时物权变动,只有形成性法律文书才能直接发生物权变动的效力,给付性和确认性判绝不能直接产生这样的效力。[1] 从上述三种效力的逻辑关系上看,拘束力与既判力是执行力产生的前提条件,执行力是通过强制手段对前两种效力的保障。然而,在恶意串通的诉讼中,当事人双方并非会真正请求法院强制执行,而往往在裁判文书生效以后,依据裁判文书的内容前往变更登记,从而在不需要执行力保障的情况下,直接实现执行力的效果,恶意诉讼行为人在诉讼程序结束后即已经将生效裁判的前两种效力实现,最终形成“特别损害”。

---

〔1〕 参见王明华:《论〈物权法〉第28条中“法律文书”的涵义与类型》,载《法学论坛》2012年第5期。

## 二、滥用权利改变程序进程的恶意内容

从上述两则拖延纠纷解决的案例分析中可以看出，管辖权异议因为制度本身的“失范”加上异议申请者的不当利用，在某种层面上看是对诉讼的拖延，阻碍了纠纷的正常解决。管辖权制度设置的目的便是防止原告恶意地行使诉权，将他人带入诉讼系属当中，因而国际上惯行的管辖基本原则即是“原告就被告”，然而被告对异议制度的不当利用同样不可忽视。通常情况下对于被告而言，时间的拖延总归是有利的，如案例五中发生的情形，现行司法实践中对管辖权异议的二审终审，以及将管辖权异议裁定的正误作为再审理由进行考量的做法，恰恰为被告惯用的这一拖延诉讼策略提供了制度层面的支撑，并极大地影响了诉讼的正常进行。[1]

从外国立法例上看，对管辖权异议理由的说明是构成异议的必要内容，且多数国家的民事诉讼立法中，在严格条件的限定下才认为管辖的错误构成上诉和再审的理由。[2] 在我国并没有对管辖权异议的提出以及上诉的条件进行限制，虽然2007年《民事诉讼法》中对管辖权异议作为再审申请理由的规定已经被删除，但是新立法中再审理由的改变却被架空，如案例五中的分析，法院裁定是否再审的理由是原审裁定是否错误，此做法使管辖权异议从提出到上诉，再到成为申请再审的理由均没有了条件的限制。此外，管辖权异议提出的成本几乎可以忽略不计，当事人仅在提出管辖权异议不成立时才需缴纳50元至100元的

---

〔1〕 参见张卫平：《管辖权异议：回归原点与制度修正》，载《法学研究》2006年第4期。

〔2〕 《法国民事诉讼法》第75条规定：如认为受诉法院无管辖权，提出此种抗辩的当事人应当说明理由，并且在所有场合均应说明请求将案件提交哪一法院。《德国民事诉讼法》第37条规定：对于法院指定管辖的裁定，不得声明不服。《日本民事诉讼法》第299条规定：当事人在控诉时，不得主张第一审法院没有管辖权。但是对于专属管辖（根据本法第11条规定，当事人以协议决定的除外）不在此限。

费用。[1] 再看提出管辖权异议带来的拖延效果，现行的《民事诉讼法》及其司法解释中并未详细规定法院作出管辖权异议裁定的时间，但追溯已经废止的《关于在经济审判工作中严格执行〈中华人民共和国民事诉讼法〉的若干规定》来看，一审法院对于管辖权异议驳回的裁定需要在15日内作出。按照《民事诉讼法》第171条规定，当事人对一审裁定不服的上诉期限是10日，再依第183条的规定，对裁定上诉案件的审理期限是二审立案后30日。将这些期间相加，在排除法院可能因其他原因延长审理期限的情况下，当事人最长的拖延时间是55日。较低的成本、制裁的缺乏以及拖延效果的显著让这样一个制度成为阻碍纠纷解决的利器。

在滥用权利阻碍纠纷解决的恶意诉讼行为中，当事人之间的纠纷是切实存在的，然而滥用诉讼法赋予的程序性权利，通过权利行使产生诉讼上的效果以阻碍纠纷解决的行为，实质上与立法设置诉讼权利的初衷是相悖的，这也当然地违背了诚实信用原则。同时，权利的滥用带来了司法资源的浪费，使本就有限的司法资源变得更加紧张，扰乱了正常的审理秩序，也容易导致当事人对司法权威性的怀疑。

## 第三节　结果要件表现出法律责任的综合性

按照前文的论述，恶意诉讼行为的结果要件包括“创设原程序审查之外的新纠纷”和“阻碍具有实质纠纷的诉讼程序进程”两方面内容。其行为具有复杂性，引发法律责任具有综合性的特征最先表现在程序法内部。除因违反程序法律规范而引发的民事诉讼法律责任外，基于其侵害客体的复杂性，在民事和刑事方面均可引起相应的法律责任。因

[1] 参见刘远志：《管辖权异议制度之反思与重构——以地域管辖为视角》，载《法律适用》2012年第4期。

此，在讨论该违法行为结果要件引发的综合性法律责任时，需要以程序法为基础，分别讨论其内部与外部产生法律责任的综合性内容。

## 一、程序法内部的综合性

我国《民事诉讼法》的大多数内容在于设置程序制度本身，有关民事诉讼法律责任的规定尚欠缺体系性，有关规制恶意诉讼行为的内容散见于法条的各个章节。主要内容包括本书提及的民事诉讼强制措施，第三人撤销之诉，以及执行中的异议制度和审判监督程序。诸多规定表现出应对恶意诉讼行为的手段，但其中被认为是司法机关追究诉讼参与人及案外人民事诉讼法律责任的内容，只有《民事诉讼法》第十章对妨害民事诉讼的强制措施，[1]其他内容只能作为关于恶意诉讼行为的程序性制裁。民事诉讼强制措施的立法目的在于保障人民法院正常地行使诉讼审判权，因此在制度设计上突出的功能在于强制当事人到庭应诉，并惩罚违反法庭秩序的行为，惩治证据内容的违法。有关对恶意诉讼行为的处罚，着眼点更多的是关注当事人对法院审判权的侵犯。[2] 而事实上恶意诉讼行为者所引发的诉讼法律责任，是基于违法者针对诉讼法律关系主体违反诉讼法上规定的作为和不作为义务而产生的。因此，民事诉讼强制措施的规定并不能完全概括诉讼责任的内容，我国现行程序法中关于民事诉讼法律责任的规定尚未形成体系。要探求恶意诉讼行为在程序法内部产生法律责任的综合性，尚需要从其对诚实信用原则的违背入手。

现代的法律，是由以一定事态将招来一定的法律后果为内容的抽

〔1〕 参见刘后务：《论诉讼责任——兼谈〈民事诉讼法〉的强制措施制度的修改》，载《韶关学院学报（社会科学版）》2003年第10期。

〔2〕 参见全国人大常委会法制工作委员会民法室编：《侵权责任法立法背景与观点全集》，法律出版社2010年版，第290页。

象规范所构成的规范,这些抽象的规范被称为法命题。[1] 法律思维理性化的最初运作方向则是将决定个案各种典型内容化约成一个或数个原则,即所谓的通则化。在恶意诉讼行为没有规定具体的诉讼法律责任,导致诉讼程序非正常运行,诉讼的应用严重走样成为普遍现象之时,[2] 立法者在修订诉讼法时增加了诚实信用原则,以期待实现对诉讼秩序进行维护使得诉讼活动得以正常运行的目的。[3] 然而法律原则适用的有限性和其内容的粗放性,使司法实践中法官对该条文的运用颇有难度。诚实信用原则被称为法律中的帝王条款,由此发展来的权利滥用禁止原则、暴力禁止原则、禁反言原则、当事人陈述的真实义务、对诉讼程序促进的义务和对一般恶意的抗辩都受其支配。

在援引诚实信用原则时,被认为需要遵循的规则如下:首先,在应用某一法条表述出来的具体规定和应用诚实信用原则可以得出相同结论时,则没有必要援用诚实信用原则。这也说明在针对恶意串通情形的恶意诉讼行为时,法官在判断违法者的行为符合《民事诉讼法》第115条、第116条规定的内容之后,则不必要援引诚实信用原则,径直适用法律条文规定的内容裁判即可。

其次,在法律条文具有漏洞时,才可适用诚实信用原则来补充漏洞。如前文第一章所述的在针对无实质意义管辖权异议的提出时,由于法律没有明确规定该行为是否应当被制裁,应该如何进行制裁,此时方可适用诚实信用原则,确认该行为的不当性。需要注意的是,在这

---

[1] 参见[德]马克斯·韦伯:《法律社会学》,康乐、简惠美译,广西师范大学出版社2005年版,第31页。

[2] 参见吴英姿:《民事诉讼程序的非正常运作——兼论民事诉讼法修改的实践理性》,载《中国法学》2007年第4期。

[3] 参见全国人大常委会法制工作委员会民法室编:《侵权责任法立法背景与观点全集》,法律出版社2010年版,第23~24页。

里诚实信用原则的适用需要同法律的目的性解释得出相同的结论，即认定这种无意义的管辖权异议是一种妨害民事诉讼进行的行为，才可适用。这时需要判断，这种行为在诉讼的过程当中对程序顺利进行下去的影响有多大，因而当事人提出异议的理由就成为具体的分析对象。若在庞杂的管辖规则中存在管辖权异议的立足点，则表明当事人是在行使自己的诉讼权利，此时法院不能以适用其他管辖规则更合适为理由，认定当事人违反诚实信用原则，将提出此种管辖权异议的当事人陷入惩罚的不利益，仅能依照其他管辖的规则驳回或支持异议。

最后，在适用诚实信用原则可能导致司法裁判的结论与适用法律条文中既已叙明的规则进行裁判得出的结论相悖时，不可援引诚实信用原则。放置于此，是为了辨明一方当事人是否对另一方当事人实施恶意诉讼行为。不可因法官在审查案件起诉时，借用诚实信用原则，将可能正当的起诉行为解释为恶意诉讼行为。[1] 个案通则化过程的先行条件是对作为法律判断时会考虑的事实的终极构成部分作出分析，而如此总结出来越来越多的法命题，反过来作用并影响上述事实的发展和其特质。在这种单式排比下的直观联想所运用的方法即是类比。[2] 法官在满足原则性法律条款运用的诸多限制性条件下适用诚实信用原则，此时的操作方法则是将一系列恶意诉讼行为类比于诉讼法规定的正常诉讼行为的差异。

恶意诉讼行为在程序法内部体现出来的综合性不仅表现在诚实信用原则的适用上，还表现在具体条文的适用中。由于恶意诉讼行为自身的复杂性，该行为自诉讼程序发生前的行为预备阶段，就已经开始有

---

〔1〕 参见杨仁寿：《法学方法论》，中国政法大学出版社 1999 年版，第 138 ~ 141 页。

〔2〕 参见［德］马克斯·韦伯：《法律社会学》，康乐、简惠美译，广西师范大学出版社 2005 年版，第 26 页。

触犯《民事诉讼法》的内容。对于创作纠纷型恶意诉讼行为来说,违法的预备阶段即是捏造一项虚构的实体纠纷,此阶段的行为可能涉及伪造证件等违反《民事诉讼法》第 114 条的内容。再到该行为实施阶段,引发诉讼程序的系属,从而开始触犯《民事诉讼法》第 115 条、第 116 条的内容。由此可知,恶意诉讼行为产生的法律责任,在程序法内部进行的规制并非某一具体条款可以概括的。在对其施以法律责任进行评价时,法官主要应用具体的法条内容,并辅助于诚实信用原则的适用,同时兼顾考虑诸多条文内部的体系性问题。可见,恶意诉讼行为产生的民事诉讼法律责任在程序法内部具有综合性。

## 二、程序法外部的综合性

### (一)行为结果的综合性

民事诉讼程序在运行上并不仅仅表现出参加诉讼的主体运用民事诉讼法所为的程序性质的活动,裁判结果的产生还体现出程序法和实体法共同作用的“场”,即在这样一个程序实体交叉适用的“场”中,程序与实体呈现的是相互协作的关系。由此,对恶意诉讼行为结果要件中表现出法律责任的研究也不应仅仅局限于程序法内部,而应当是将民事诉讼法与实体法相结合起来考量,这也体现出该法律责任在程序法之外和其内部一样存在综合性。[1]

我国现有立法对恶意诉讼行为的规制,主要针对的是符合“创设原程序审查之外的新纠纷”结果要件的恶意诉讼行为。其行为方式主要通过恶意串通虚构事实向法院提起诉讼,导致的结果是在实体法律关系上创设了一项新的纠纷。关于恶意串通行为在民事实体法领域的规

---

〔1〕 参见程啸、杨明宇、赵举秀:《民事证据法:程序与实体的交汇——访中国人民大学法学院江伟教授》,载《人大法律评论》2000 年第 2 期。

制，早在 1986 年的《民法通则》中就已经出现。距离在《民事诉讼法》中的正式立法规制相差近 30 年。虽然立法目的和规制对象各有不同，但从实体法领域出发分析此违法行为，更有利于对程序领域理性“偏离”的恶意诉讼行为的理解。在实体法领域，实施恶意串通行为的是一方当事人，其行为导致相对人的意思表示存在瑕疵，参与恶意串通的只能是第三人而不是相对人，否则相对人就不可能成为“受害人”。这个“第三人”既可能是与该法律行为没有法律上关联性的第三人，也可能是相对人的代理人。自《民法通则》和《合同法》实施以来，我国司法实践中以原《民法通则》第 58 条第 1 款〔1〕或原《合同法》第 52 条〔2〕为依据作出的裁判数量很多，法院对恶意串通行为的理解有诸多看法。归结起来，司法实践中对这一概念有如下几种理解：〔3〕

其一，代理人或代表人与相对人恶意串通，实施对被代理人或所代表的法人不利的法律行为。就代理人或代表人与相对人恶意串通实施法律行为而言，在性质上属于滥用代理权，《民法通则》第 66 条第 3 款〔4〕对此作了规定。〔5〕

---

〔1〕 现为《民法典》第 144 条规定：“无民事行为能力人实施的民事法律行为无效”。

〔2〕 现已修改为《民法典》第 144 条和第 146 条规定。《民法典》第 144 条规定：“无民事行为能力人实施的民事法律行为无效。”《民法典》第 146 条规定：“行为人与相对人以虚假的意思表示实施的民事法律行为无效。以虚假的意思表示隐藏的民事法律行为的效力，依照有关法律规定处理。”

〔3〕 参见杨代雄：《恶意串通行为的立法取舍——以恶意串通、脱法行为与通谋虚伪表示的关系为视角》，载《比较法研究》2014 年第 4 期。

〔4〕 现为《民法典》第 164 条第 2 款规定：“代理人和相对人恶意串通，损害被代理人合法权益的，代理人和相对人应当承担连带责任。”

〔5〕 参见上海谷卡二手车销售有限公司诉孙何量其他合同纠纷案，上海市闵行区人民法院（2013）闵民一（民）初字第 16479 号判决书。

其二,恶意串通逃避债务。如果符合《合同法》第74条[1]的构成要件,其利益受到损害的债权人即可行使债权人撤销权。[2]

其三,恶意串通实施无权处分行为。我国现行《民法典》对无权处分已有专门规定《合同法》第51条[3]规定无权处分的合同效力待定,权利人可以选择追认合同的效力,亦可以确认合同无效。[4]《合同法》第52条第2款[5]规定了恶意串通损害国家、集体或者第三人利益的合同无效。[6]

其四,恶意串通实施共同欺诈。合同一方当事人与第三人串通共同欺诈另一方当事人,受欺诈的当事人可以依据原《合同法》第54条第2款[7]之规定撤销合同,如果损害了国家利益,则可以依据原《合同

---

〔1〕 现为《民法典》第538条、第539条和第540条。第538条规定:"债务人以放弃其债权、放弃债权担保、无偿转让财产等方式无偿处分财产权益,或者恶意延长其到期债权的履行期限,影响债权人的债权实现的,债权人可以请求人民法院撤销债务人的行为。"第539条规定:"债务人以明显不合理的低价转让财产、以明显不合理的高价受让他人财产或者为他人的债务提供担保,影响债权人的债权实现,债务人的相对人知道或者应当知道该情形的,债权人可以请求人民法院撤销债务人的行为。"第540条规定:"撤销权的行使范围以债权人的债权为限。债权人行使撤销权的必要费用,由债务人负担。"

〔2〕 参见瑞士嘉吉国际公司诉福建金石制油有限公司等确认合同无效纠纷案,最高人民法院指导案例33号(2014年)。国家开发银行与沈阳高压开关有限责任公司、新东北电气(沈阳)高压开关有限公司、新东北电气(沈阳)高压隔离开关有限公司、沈阳北富机械制造有限公司等借款合同、撤销权纠纷案,载《最高人民法院公报》2008年第12期。

〔3〕 现为《民法典》第597条规定:"因出卖人未取得处分权致使标的物所有权不能转移的,买受人可以解除合同并请求出卖人承担违约责任。"

〔4〕 参见湖北省荆门市东宝区人民法院民事判决书,(2013)鄂东宝民二初字第00378号。

〔5〕 现已修改为《民法典》第154条规定:"行为人与相对人恶意串通,损害他人合法权益的民事法律行为无效。"

〔6〕 参见最高人民法院民事判决书,(2011)民提字第249号。

〔7〕 现为《民法典》第151条规定:"一方利用对方处于危困状态、缺乏判断能力等情形,致使民事法律行为成立时显失公平的,受损害方有权请求人民法院或者仲裁机构予以撤销。"

法》第52条第1项[1]之规定主张该合同无效。[2]

其五，恶意串通规避法律强制性规定。例如，房产新政出台后屡见不鲜的通过假离婚假结婚等形式，获取购房资格的行为。[3]

诸多实体法中的恶意串通同样可以通过诉讼行为的方式表现，正是由于判决的权威性，使恶意串通方式而为的恶意诉讼行为更具有隐蔽性，同时增加了行为的复杂程度。比如，代理人与相对人串通，在诉讼认诺相对人的要求，进而使判决结果直接作用于被代理人；债务人与他人串通进入诉讼程序，通过得到使自己财产减损的判决结果，来降低自己对债权人的履行能力；无权处分人与他人串通，就无权处分的财产进行诉讼，通过伪造的权利外观获得法院的判决，确定无权处分财产的归属来达到处分的效果；债务人与债权人之间串通，将虚构的债权债务关系引入诉讼，通过裁判获得的执行力来执行保证人的财产。从这些将实体法中恶意串通情形化约为诉讼中恶意串通方式的恶意诉讼行为的假设来看，诉讼程序中的恶意串通是双方当事人，将虚构的实体法律关系提交于法院，进入诉讼系属，在获得法院对虚构的实体法律关系进行的裁判后，将裁判的效力及于案外人。表面上进行的是一项诉讼行为，实际达到的是获得裁判效力对民事法律关系的影响。由此引发了程序法之外的民事法律责任。

法律惩罚的是外在表现的行为，杜绝的是当事人不法目的的实现。那么恶意串通便成为现有立法中唯一明文提出的应当被禁止的恶意诉讼行为方式。深入来看，恶意串通所导致的诉讼过程中还会涉及其他的过程行为，如伪造、毁灭重要证据，用威胁或贿买的方法阻止证人作

---

[1] 现为《民法典》第154条规定："行为人与相对人恶意串通，损害他人合法权益的民事法律行为无效。"

[2] 参见最高人民法院民事判决书，(2001)民二终字第116号。

[3] 参见邱永芬：《获取再购房资格是市民假离婚的重要原因》，载《南方都市报》，http://news.sohu.com/20150424/n411797991.shtml。

证或作伪证,隐藏、转移、变卖、毁损已被查封、扣押的财产等违法行为。这些都可触犯《刑法》第六章第二节中的罪名,引发程序法之外的刑事法律责任。

### (二)构成法律责任的综合体

从行为手段的角度考察,恶意诉讼行为引发的法律责任,实质上是由多项法律责任构成的责任综合体。由于恶意诉讼行为的多样性,构建其法律责任亦应当通过个案进行总结。从个案分析中总结出法命题的做法同法律关系、法律制度和法学建构是并行不悖的,并且对于它们之间的关系,也有一套严密的逻辑可循。

在个案典型内容化约的过程中,提炼出与法律相关联的部分,而此种相关的构成部分又会以何种方式被法律所规制则形成了法律关系;下一步对分析工作进一步地提出体系化逻辑要求,以法命题和逻辑性的意义解明为起点,这也是18世纪自然法学者及19世纪罗马法学者顺着罗马法发展来的体系化要求,再借用逻辑手段将被承认的法律规则统和起来形成法命题的综合体。现代法学思维习惯的两大范畴:“法创制”和“法发现”也顺应着从个案中类比推演出通则化的规范,再将规范适用于个案进行评价的逻辑。将这样一套逻辑的思维运用于分析恶意诉讼行为问题当中,从个案典型的观察中,学者总结出了诸多语言表达方式来概括这样一种行为,但如前文第一章内容所述,在对恶意诉讼行为的认识上,诸多的语言表达掺杂的是每一位观察者典型选择的偏好,同时体现了现行法也规定不足。个案典型通则化的工作与法律责任综合体的构建是可以相容的,由此而来的体系化形成的是法律思维模式下的后期产物,这里的法律思维很大程度上受既存程序与实体法律的影响,同时企图作用并改变或完善既存的法律。

基于法律存在的滞后性,法律在被制定出来时对某些法律思维模式下的后期产物并不知晓,这时仅在《民事诉讼法》内部追究恶意诉讼行为的体系化与法律责任综合体构建之间的紧张关系便出现。个案典型通则化后再以一定逻辑关系组合而来的体系化,意味着法命题被加以整合后不相矛盾地形成规则体系,这个规则体系中涵摄了学者想要见到的全部事实状况,但却很难避免事实的秩序缺乏法律的保障。[1]在分析恶意诉讼行为时,较为权威的观点认为:"如果一方当事人故意利用诉讼或法院裁判打击对手或获得对方财物或法律上的利益,或双方当事人恶意串通获得法院裁判损害第三人的利益,就是恶意诉讼。"[2]《民事诉讼法》将针对恶意诉讼行为的规定放在"对妨害民事诉讼的强制措施"当中,可以判断出立法者的意图在于将此违法行为定性为一种妨害民事诉讼的行为。这样的立法理解不置可否,但和学者通过法律思维的后期产物却存在偏差。法条仅规定了双方恶意串通的情形,而就一方当事人故意利用诉讼或法院裁判打击对手或获得对方财物或法律上的利益的典型却没有提及,同时没有提及这样的侵害行为是否引发民事侵权责任的问题。

在"法创制"和"法发现"的过程中,理性被不断地强调,这里的理性被区分为形式上的理性和实质的理性。在强调并且承认当代社会正在践行法治的前提下,必须认为所有形式上的法,相对而言是理性的。其理性外观在诉讼中最为直接的表现是文书的外观、审判组织的组成以及强制措施等。这些代表着法律最为严苛形式主义的内容,一般是不允许有错误的,至少在形式上的要求是不允许犯错的,而一旦出现错误,补救的方式也较一般法律行为中瑕疵引起错误的补救方式更为严

〔1〕 参见[德]马克斯·韦伯:《法律社会学》,康乐、简惠美译,广西师范大学出版社2005年版,第27页。

〔2〕 肖建华:《论恶意诉讼及其法律规制》,载《中国人民大学学报》2012年第4期。

格。一般法律行为中的瑕疵行为人可以通过另一法律行为来补救，诉讼中的瑕疵可能引起的是另一个全新的程序，如判决书中的笔误需要通过裁定的形式进行补正，[1]审判组织的组成错误直接引起的补救方式是再审，[2]对妨害民事诉讼的强制措施不服需要的补救方式是申请复议，[3]这样严格的立法内容，着重强调的是保障立法解决法律问题时，实质理性外观不易被破坏的特质。立法的确定性描述表现了我国当代立法为权力寻求正当理性的进步，同时由于法律的确定性是相对其模糊性而存在的，法律规范的模糊性作为一项立法的技术特征，是法律存在的绝对属性。[4] 那么，在现行立法将恶意诉讼行为放在"对妨害民事诉讼的强制措施"一章来讨论的背景下，具有严格形式主义内容的强制措施，对其前提即妨害民事诉讼行为的判断上，提出了同样严格的要求，也就是对行为的判断亦需要直观的形式上的正确。

细观《民事诉讼法》第十章的内容，被认为妨害民事诉讼的较为直观的几种行为包括：第 112 条中规定的无理由拒不到庭、第 113 条中规定的违反法庭秩序法庭规则、第 117 条规定的违反协助调查的行为。而第 114 条至第 116 条这些条文中列举的行为，则不可仅从行为外观就能加以判断，同时法律也规定了违反这三项条文时可能存在的刑事责任的追究。其中第 115 条、第 116 条被学界认为是恶意诉讼行为的规制，而第 114 条中的诸多行为亦可成为恶意诉讼行为实施的过程行为。在这三项法条的运用中，法官免不了要加入大量的价值判断，同时对法

---

〔1〕《民事诉讼法》第 157 条第 7 项规定："……（七）补正判决书中的笔误……"

〔2〕《民事诉讼法》第 207 条第 7 项规定："……（七）审判组织的组成不合法或者依法应当回避的审判人员没有回避……"

〔3〕《民事诉讼法》第 119 条第 3 款规定："罚款、拘留应当用决定书。对决定不服的，可以向上一级人民法院申请复议一次。复议期间不停止执行。"

〔4〕参见陈云良：《法的模糊性之探析》，载《法学评论》2002 年第 1 期。

官提出了更好的实质理性的要求。同时,这些法条后半部分对规制方式的描述也存在较大的模糊性,法院可以通过罚款、拘留的形式在该案裁判的同时对恶意诉讼的当事人追究民事诉讼法律责任,在构成犯罪的情况下又会引发新的刑事方面的程序,追究刑事责任。该法条后半部分的模糊性表述也是现代立法技术的体现,该部分准用性法律规则的规定,将刑事责任的追究付诸对刑法条文的援引,以违法行为的严重性为界限,使超出民事诉讼法律责任的部分延伸至刑法的调整范围。与这里模糊性相呼应的,是法律当中的不确定法律概念。法律概念作为立法者在舍弃调整对象非本质特征的基础上,萃取其中法律特征而规定下来的主观上的认定,以调整对象的范围来明晰法律概念的内涵。[1] 由此可知,调整对象的选择,对法律制度构建乃至法学的构建起到了至关重要的作用。

按照前文观点的阐述,这里调整对象的取舍便是在个案典型内容化约的过程中提炼出与法律相关联的部分,由此而形成需要调整的法律关系,鉴于民事诉讼活动存在于程序法与实体法交叉的“场”中,恶意诉讼行为所引发的法律关系也有程序与实体交叉的部分。这些皆需要在体系化的工作下,借用逻辑手段,被现有的承认有效的法律规则统和而理性化成为法律责任综合体,其过程需要经历一系列的法律推理。从推理过程具体内容看,在这样一个恶意诉讼行为结果要件引发的法律责任综合体当中,程序法内部的法律责任作为其他实体法律责任的前因,通过该违法行为复杂性得出的程序法内部综合的民事诉讼法律责任体系,再评价该违法行为仅在程序法内部无法彻底调整的内容,将民事诉讼法律责任向实体法角度延伸。由此体现出该法律责任在程序法外部的综合性,恶意诉讼行为产生的是一项汇集民事诉讼法律责任、

〔1〕 参见陈应芬:《法律概念的逻辑分析》,载《探索》2001 年第 1 期。

侵权责任、刑事责任的法律责任综合体。各法律责任之间虽然各自独立，且不可相互取代，但在形成法律责任综合体的情况下，必须关注追究各项责任时与第三人救济制度的协调与衔接。

# 第四章 现有法律规制中存在的不足

## 第一节 程序法规制中存在的不足

### 一、民事诉讼强制措施中存在的问题

关于将恶意诉讼行为纳入妨害民事诉讼活动，并通过民事诉讼强制措施对其进行规制的立法改进，在我国立法过程中经历了一个较长的过程。早年我国在讨论编纂《侵权责任法》的过程中曾一度讨论是否将其作为一类独立的侵权行为进行立法规制。[1] 从侵权行为角度定性恶意诉讼行为的做法一直以来受到学界的追捧，诸多具有代表性的学术成果中均可反映出学者们的这一倾向。然而，2010 年实施的《侵权责任法》中并没有出现有关恶意诉讼行为作为侵权责任的规定，乃至《民法典》侵权编诞生后亦未能将该行为作为侵权行为予以对待。鉴于恶意诉讼行为并没有在我国民事实体法的规制中被固定，而是在 2011 年 10 月发布的《中华人民共和国民事诉讼法修正案（草案）》当中出现了对该违法行为的程序规制，这是我国在立法时首次重视这一违法行

〔1〕 参见全国人大常委会法制工作委员会民法室编：《侵权责任法立法背景与观点全集》，法律出版社 2010 年版，第 127 页。

为，对恶意诉讼行为的法律规制也因此略见雏形。从草案的行文中提炼该违法行为的表述，草案将恶意诉讼行为的概念描述为当事人之间恶意串通以及被执行人与他人串通，以诉讼、调解的方式达到逃避债务、侵占他人财产或逃避履行法律文书确定义务为目的的行为。[1] 这个列举具体侵害方式和侵害目的为主要内容的概念，在2012年正式颁布的《民事诉讼法》当中被具体化，针对该行为应当如何规制的法律规范被固定在该部法条的第十章"对妨害民事诉讼的强制措施"当中，至2021年最新修订的《民事诉讼法》继续保留并且强调了此处规制。民事诉讼强制措施是为了排除针对民事诉讼运行的障碍，为人民法院正确实施审判活动提供保障的一项措施，同时，它兼具了保障当事人合法权益的功能。[2] 法条在内容上采取完全列举的方式归纳了恶意诉讼行为的种类，限于双方当事人恶意串通侵害第三人、被执行人与案外人恶意串通妨碍执行以侵害他人合法权益这两种行为，立法者基于恶意诉讼行为追求不法目的的多样性内容，采用"侵害他人合法权益"的表述代替了草案中"逃避债务、侵占他人财产"的描述，对该违法行为的侵害目的进行了总结。这样开创性的立法首次将恶意诉讼行为纳入了既定立法的规制当中，并且在程序法中规定对具有违法内容的诉讼行为的规制具有其先天的优势。

但是由于"法律只能订立一些通则，不能完备无遗，不能规定一切细节，并把所有的问题都包括进去"，[3] 这使在运用民事诉讼强制措施对恶意诉讼行为进行规制时依旧存在法律适用困难的问题。鉴于当事

[1] 参见王胜明：《〈关于《中华人民共和国民事诉讼法修正案（草案）》的说明——2011年10月24日在第十一届全国人民代表大会常务委员会第二十三次会议上〉》，载《司法业务文选》2012年第22期。

[2] 参见吴明童：《谈谈妨害民事诉讼的强制措施的几个问题》，载《西南政法学院学报》1988年第2期。

[3] [古希腊]亚里士多德：《政治学》，吴寿彭译，商务印书馆1965年版，第163页。

人对理性“偏离”行为的多样性，虚构的实体法律关系亦无法完全列举，这里对恶意串通情形的假设并非一个闭合的内容总结。若从浩如烟海的恶意串通方式和虚构的实体法律关系来分析此种类型的恶意诉讼行为，显然很难做到全面的涵盖。

### （一）不能覆盖损害赔偿的内容

无论是法律概念的描述还是法律条文的表达，都离不开语言的应用。恶意诉讼行为之所以出现诸多的概念表达，皆是因为各学者在语言应用上的选取不同。而语言的表达正是人们接触法律观察法律的第一步。哈特的法律理论基础即是语义分析理论，即把借以阐述思想的表达方式作为自己研究的出发点。在哈特的理论体系中，一条引人注意的信息并带有被告知者应当服从的意向时使用的语言表达形式是祈使语气，这样的表达带有命令和服从的内容。〔1〕然而法律条文在表达惩罚的同时并没有表明因此受到损害的当事人可以要求损害赔偿。

虽然民事诉讼强制措施中增加了对恶意诉讼行为的规制，从立法的层面上看填补了恶意诉讼行为并没有当作特殊侵权行为列入《民法典》侵权编中予以规制的空缺。但从强制措施的性质上看，其并没有为受侵害人提供弥补损失的机会。关于妨害民事诉讼强制措施性质的问题，学界存在“制止和教育手段说”“处罚说”〔2〕“制裁说”〔3〕。从这些学说的内容上看，关于强制措施的功能可以体现在通过对行为人妨害民事诉讼的行为进行惩罚与制裁，以此起到警戒与教育的作用。但这

〔1〕参见［英］H. L. A. 哈特：《法律的概念》，张文显等译，中国大百科全书出版社 1996 年版，第 18～21 页。

〔2〕吴明童：《谈谈妨害民事诉讼的强制措施的几个问题》，载《西南政法学院学报》1988 年第 2 期。

〔3〕田平安：《正确适用民事诉讼的强制措施》，载《现代法学》1984 年第 2 期。

并没有起到弥补损害的作用,即对既存违法人进行惩罚,同时教育警戒将来可能进入诉讼的人。可能可以起到防止现有损失扩大的倾向,但无法让损害恢复受损前的状态,可以说对被侵害人而言,这种措施可以止损但不能补救。对于此种情形,有学者专门举例说明不能将妨碍民事诉讼的行为与侵权行为相混淆——双方当事人在法院进行诉讼的过程中发生争吵,一方当事人将对方作为证据材料载体的录音笔损毁,砸毁录音笔的行为属于侵权行为,是在本诉纠纷之外的内容,应当另诉。[1] 利用这一思路来看恶意诉讼行为,本书将恶意诉讼行为区分为导致"创设原程序审查之外的新纠纷"结果的恶意诉讼行为和"阻碍具有实质纠纷的诉讼程序进程"结果的恶意诉讼行为,这两者皆具有损害他人权益的成分。

就创造纠纷为结果的恶意诉讼行为来说,当事人可能通过恶意串通的方式直接侵害案外人利益,此类违法行为本身具有难以识别的一面,法院在应对时往往是权益受侵害者提出自身权益受损后,被动地适用民事诉讼强制措施来处罚侵害者。根据《民事诉讼法司法解释》第190条第2款的规定可知,受侵害的第三人依据《民事诉讼法》第59条第3款提起撤销之诉后,法院需进行审查,待确认前诉确实为恶意串通而为的虚假诉讼之时,才适用《民事诉讼法》第115条的强制措施。法院在此惩罚的滞后性虽然起到了惩罚警戒甚至教育的作用,但法条并没有规定权益受侵害者可以因此要求损害赔偿,仅规定了可以通过起诉撤销前诉,而在关于撤销诉讼的法条内容中亦没有找到有关损害如何处理的问题。就阻碍纠纷解决后果的恶意诉讼行为来说,在案件审理终结后的执行环节中,被执行人依旧可以通过恶意诉讼行为来阻碍纠纷的解决同时侵害申请执行人的权益,然而就此次的恶意诉讼行为,

[1] 参见陈奇思:《妨害民事诉讼强制措施的适用》,载《法学》1990年第7期。

法条不仅规定了强制措施的适用，更规定了损害赔偿的内容。依据《民事诉讼法司法解释》第 313 条第 2 款的规定可知，申请执行人因被执行人与案外人以执行异议、执行异议之诉的形式来妨碍法院执行从而受到损失的，法条赋予了其可以另诉请求赔偿的权利。这里不禁要提出疑问，为什么对前一种行为法条仅规定了当事人可以通过第三人撤销诉讼来维护自身权益，而对于后一种行为法条却赋予了当事人另诉寻求救济的权利。

在这两种情形中，强制措施都被适用，但对损害赔偿的态度却截然不同。换一个角度从《民事诉讼法司法解释》第 313 条中提及的损害内容看，申请执行人在此处可以请求赔偿的损失来自被执行人在串通的情况下提起的执行异议、执行异议之诉，这两者的内容均针对的是法律文书规定需要被执行的内容，且这部分内容大多以财产形式表现，内容明确且已经被判决所确定。而《民事诉讼法司法解释》第 190 条中的内容针对的是虚假诉讼，是法院通过受侵害人被动地对虚假诉讼的内容进行否定性评价，这里所涉及的内容并未完全被法院确定，且前提是法学必须对前诉内容进行审查。法院赋予受侵害第三人撤销前诉的权利，在撤销诉讼中第三人通过对自身权益的主张才能最终确定其受损失的范围，而前诉被撤销则被认为是对其权益的救济。从这个角度上看，我国现有立法对当事人权益的救济考量得已经很全面，且避免了权益受侵害者肆意主张权益受损的可能。但是这两个司法解释均忽略了权益受侵害者提出诉讼产生的诉累问题。虽然胜诉一方当事人可以通过《民事诉讼法司法解释》第 207 条的内容免除缴纳诉讼费用的义务。但是诉累的表现并不仅仅止于诉讼费用的程度，当事人为此付出的时间成本、聘请律师的成本等均在诉累的范围内。因此，若以民事诉讼强制措施的规制范围来概括侵权责任的规制范围，对于权利受侵害者而言并不公平。将恶意诉讼行为完全地当成妨害民事诉讼行为来规制，显然缺少了对其侵权属性的认识。

### （二）不能覆盖非诚信行为

我国现行立法中规制的恶意诉讼行为限于恶意串通的行为方式，虽规定了不法行为发生在诉讼程序以及执行程序两个不同阶段，然而在恶意串通情形之外，仍旧有很多当事人可能采取的诉讼行为是有悖于法律规定初衷的行为，同样具有妨害民事诉讼的危害。这个就是我们要讨论的其他未被明确规定处罚的恶意诉讼行为，这些行为的内容会更加难以辨认，当事人在实施这些行为时外观上更加符合法律规定权利的行使方式，甚至在大多数案件中这样的行为并未遭受法院的否定性评价，仅仅表现出对道德的违反。

在这里就要从该违反道德的行为本质出发来观察，即当事人在此实施的是一项诉讼行为，在不带入当事人不法意图的情况下，单看诉讼行为的内容。按照行为的目的和功能为标准来划分，诉讼行为可以被分为取效性诉讼行为和与效性诉讼行为。其区别在于是否需要法院的介入而直接产生诉讼法上的效果。在与效性诉讼行为中，因其具备直接产生诉讼法上效果的功能，时常被不法地利用，如为拖延诉讼进度而提出的无意义的管辖权异议。当事人在此有提出管辖权异议的权利，这是《民事诉讼法》第 130 条明文规定的当事人的诉讼权利。法条并没有严格要求异议的内容必须正确且有依据，这样也给当事人提供了很大的权利行使空间，为了达到拖延诉讼的目的，当事人对管辖权异议的提出，让法院直接进入异议的审查，即使异议被驳回，对管辖权异议驳回的裁定当事人亦可以上诉，这种看似无意义的拖延可能正是当事人不法目的的追求。此时，当事人的目的可能是在异议审查期间获得自己需要交付的给付内容，也可能只是无意义地拖延来发泄心中的情绪，这种管辖权异议的理由通常也显得薄弱，甚至可能达到荒谬的程度。[1] 管辖权异议因为制度本身的“失范”加上异议申请者的不当利用,在某种层面上看是对诉讼的拖延,阻碍了纠纷的正常解决。管辖权制度设置的目的便是防止原告恶意地行使诉权,将他人带入诉讼系属当中,因而国际上惯行的管辖基本原则即是“原告就被告”,然而被告对异议制度的不当利用同样不可忽视。然而这样一种恶意诉讼行为除在诉讼费用的收取方面当事人需要付出一定的成本外,其他角度均不受法律的否定性评价。除通过管辖权异议的拖延外,诉讼上还有其他可利用的异议权可以起到拖延诉讼进程的作用,内容繁多不宜一一列举,但得其特征而观,这些均是法律赋予当事人的诉讼权利,但这些权利被当事人恶意地利用,凸显出来的是恶意诉讼行为作为道德背离面的“失范”行为的本质。

从诉讼行为效果产生的角度来看,创造纠纷的恶意诉讼行为是一种取效性的诉讼行为,其危害结果需要依赖法院进行裁判的结果才能发生,而拖延纠纷解决型的恶意诉讼行为则是与效型诉讼行为,其结果的产生是当事人是否依照法律赋予的权利去进行诉讼行为,产生不当结果是该诉讼行为的不当。当事人实施了这样的诉讼行为,其实质是在行使自己既存的诉讼权利,面对这样行使权利的行为,即使其存在不道德的一面,并具有妨害民事诉讼的效果,但运用民事诉讼强制措施来规制则显得有些牵强。在“法治”概念不断被强调的今天,人们对法律可预测性的要求也在不断被提升。由于当事人行使自身权利的多样,诉讼的进程也依靠当事人诉讼权利的行使来推动,阻碍纠纷解决型的恶意诉讼行为,其实质与理性“偏离”的一面表现出来的是法律概念的不确定性。法律条文中不确定法律概念带来的对法律可预测性的冲

---

[1] 参见广州市海珠区人民法院民事判决书,(2015)穗海法民三初字第1407-1号。该裁定书是对被告提出管辖权异议的驳回,被告提出管辖权异议的理由是,认为广州天河区人民法院是净土,有新鲜空气与绿叶。

击,很可能成为法治的一个问题,即人们无法服从其所不知晓的法律要求,在法律不确定的情况下,可能成为判决依据的法律理由将不足以成为一个结论独立的证成,抑或无法充分预测或解释的一个结论。[1] 由此,因法律概念的不确定性而带给人们对自身行为指引规范的认识模糊,与法律规制的确定性要求之间存在抵牾。这使得想要通过民事诉讼强制措施单方面地规制恶意诉讼行为的想法变得片面。

## 二、诚实信用原则适用时的问题

在2012年《民事诉讼法》尚未颁布之前,起初的立法草案中并没有诚实信用原则的规定,基于最高人民法院以及学者的呼吁,为了应对当事人在诉讼程序中的诸多恶意诉讼行为,指导当事人在参与诉讼活动时恪守诚信,遂增加了规定诚实信用原则的条款。[2] 然而由于诚实信用原则内容过于广泛,且原则性条款的适用较具体规则性条款而言对法官的自由裁量提出了更高的要求,由此引发了关于该原则性条款可能存在使当事人诉讼权利过分或随意地受到限制的担忧。[3]

### (一)成文法适用的僵化

基于诚实信用原则对于前述民事诉讼强制措施无法规制的,违背道德的非诚信行为具有补充规范的作用。因此,在利用诚实信用原则

---

〔1〕 参见[美]朱尔斯·科尔曼、[美]布赖恩·莱特:《确定性,客观性与权威性》,徐宗立译,载[美]安德雷·马默主编:《法律与解释》,章卓明、徐宗立等译,法律出版社2006年版,第290页。

〔2〕 参见陶婷:《民事诉讼诚实信用原则的法理基础及其适用范围》,载《河北法学》2014年第10期。

〔3〕 参见黄娟:《在对我国民事诉讼法中确立诚实信用原则的冷思考》,载《法商研究》2001年第6期。

规制恶意诉讼行为时,不应将该项内容过分地泛化,而应当通过发挥其在具体程序场合中对具体规则性条款的辅助和例外补充作用,从而完善其适用的合理性。然而在对恶意诉讼行为进行惩罚时,尚需要借助强制措施的具体规定。

民事诉讼强制措施的本质属性决定了这是一项具有强制性且附带法律制裁的规制方法。[1] 自党的十八届四中全会提出全面推进依法治国以来,"法治国家"一直为司法改革所追求。作为现代民主指导原则的法治国理念要求国家对公民自由的干涉需从立法中得到体现,由此来实现法律的安定性。[2] "对于法官来说,在实施惩罚时,他以规则为指南,以对规则的违反为惩罚违法者的根据和正当理由。"[3] 在三段论的推理逻辑下,法官在审理案件时适用规则的判断方式往往是"①所有的 F 都被禁止。②A 的 X 行为是 F。③因此 X 被禁止"。[4] 在我国现有立法中,明确有且仅有的恶意诉讼行为种类,即恶意串通的当事人运用纠纷解决机制企图侵害他人利益或逃避法律文书确定义务的情形。法律惩罚的是外在表现的行为,杜绝的是当事人不法目的的实现。那么恶意串通便成为现有立法中唯一明文提出的应当被禁止的恶意诉讼行为方式。虽然规定诚实信用原则可以理解为对该条款无法规制的恶意诉讼行为进行补充规制,然而《民事诉讼法》第 13 条对诚实信用原则的规定,要求民事诉讼应当遵循诚信原则,并未强调违反时的惩罚,这样的规定仅能表现出其宣示性的作用。

---

[1] 参见田平安:《正确适用民事诉讼的强制措施》,载《现代法学》1984 年第 2 期。

[2] 参见王青斌:《论不确定法律概念与处罚法定原则的冲突和协调》,载《法学评论》2011 年第 1 期。

[3] [英]H. L. A. 哈特:《法律的概念》,张文显等译,中国大百科全书出版社 1996 年版,第 11 页。

[4] [美]大卫·布林克:《法律解释、客观性和道德》,高中译,载[美]布赖恩·莱特编:《法律和道德领域的客观性》,高中、杜红波译,中国政法大学出版社 2007 年版,第 16 页。

再进一步说明,若将诚实信用原则泛化适用,用以补充规制强制措施中未描述的恶意诉讼行为。但是在“法治”概念不断被强调的今天,人们对法律可预测性的要求也在不断被提升。诚实信用原则泛化适用,带来对法律可预测性的冲击,很可能成为法治的一个问题,即人们无法服从其所不知晓的法律要求。在法律不确定的情况下,可能成为判决依据的法律理由,将不足以成为一个结论独立的证成,抑或无法充分预测或解释一个结论。[1]

(二)具体适用条件的不足

正是由于诚实信用原则缺乏具体适用条件的规定,导致其很难成为追究民事诉讼法律责任时可被援引的条款。民事诉讼法律责任除表现为强制措施的适用外,还表现为诉讼权利的丧失。在大陆法系的法国,对于证据失权的民事诉讼责任规定得较为严格,为了保障审前程序的功能不被架空,法国将证据失权纳入诉讼攻防方法的失权当中,也就是说审前程序中没有进行的诉讼攻防手段在之后的审判程序中将不能被提出。[2] 日本也有类似的规定,《日本民事诉讼法》第157条中规定了当事人延误时机的诉讼攻击或防御方法,在被法院认定具有拖延诉讼的可能时,当事人的诉讼主张会被驳回,从而丧失该程序权利。[3] 这些具体性的适用条款展现的是,诚实信用原则中禁反言原则和促进诉讼义务的内容。

我国现有立法的规定,在阻碍纠纷解决型的恶意诉讼行为中,当事

〔1〕 参见[美]朱尔斯·科尔曼、[美]布赖恩·莱特:《确定性,客观性与权威性》,徐宗立译,载[美]安德雷·马默主编:《法律与解释》,章卓明、徐宗立等译,法律出版社2006年版,第290页。

〔2〕 参见张卫平、陈刚编著:《法国民事诉讼法导论》,中国政法大学出版社1997年版,第141页。

〔3〕 参见《日本新民事诉讼法》,白绿铉编译,中国法制出版社2000年版,第32页。

人为了拖延诉讼程序的进行从而阻碍纠纷解决的方法,往往是证据的突袭。我国《民事诉讼法》明确规定了程序中证据的举证期限,根据《民事诉讼法司法解释》第 99 条至第 101 条的规定,举证期限应当在案件审理之前的准备阶段予以确定,当事人有权对该期限进行协商,并在法院批准的情况下将期限确定下来。普通一审程序的举证期限一般不得少于 15 日。然而举证期限并非一个固定期间,当事人对证据材料的提交并非仅仅限于审前准备阶段确定的举证期限,立法为未能在举证期限内提交的证据留有很大的空间。当事人在二审中提交新证据会获得至少 10 日的期限。在举证期间之外,若当事人对已经提交的证据材料提出反驳,或对列举的证据材料进行瑕疵补正的,立法同样允许。此外,对确定的举证期限,当事人亦可以通过申请延长,在法院审查允许的情况下予以突破。在举证期限之外,当事人逾期举证,在向法院说明理由的情况下该证据材料依旧有效,对方当事人未对逾期列举证据材料的行为提出异议的,法院认为此时的举证并未逾期。这样的规定为证据的突袭提供了较大的空间。在举证时当事人出于拖延的目的,可以将证据材料分为若干部分分别提交给法院。而对方当事人亦可能因为疏忽,或本着避免节外生枝的态度对逾期举证的行为没有提出异议,以致这样的恶意诉讼行为无法受到民事诉讼法律责任的制裁。

权利的行使取决于当事人的自由,诉讼中当事人享有列举证据实现诉讼主张维护自身利益的权利,放弃举证是当事人处分权的表现,因证据不足而承担举证责任最终会引发败诉,但因为行使处分权不举证的行为而遭致惩罚则显得过于牵强。逾期举证同样是举证权利的体现,但若其目的在于实现证据突袭的效果则有悖公序良俗,不应提倡。对于这种法律规定导致的诉讼权利当事人怠于行使权利的情形,《民事诉讼法》中有关民事强制措施等制裁违法行为的禁止性规范将难以适用,此时更为有效的方式是使其失权。[1] 对于举证失权,诉讼法中同样有相关规定,根据《民事诉讼法司法解释》第 102 条的规定,当事人逾期举证的行为存在故意或重大过失时,法院将对逾期列举的证据材料采取不予采纳的态度。然而这样的规定并非一条封闭式的条款,条文中的但书部分依旧使证据突袭存在可能性。当法院认定逾期列举的证据材料和案件事实有关时法院可以采纳,对逾期举证的当事人法院采取训诫和罚款的处罚方式,对于逾期举证给对方当事人带来的有关交通、住宿、就餐、误工、证人出庭作证等费用的增加,逾期举证一方应当提供补偿。

权利的减损意味着权利行使被全部剥夺或缺失一部分。与实体法中对权利的否定不同,民事诉讼中诉讼权利的丧失指的是当事人在诉讼中原本享有的法律规定的权利,因为某种事由或原因发生减损的现象。任何权利被享有都是有一定条件的,因为当事人在诉讼中存在恶意诉讼行为,具有滥用权利的属性,因此造成权利的减损即是恶意诉讼行为者承担民事诉讼法律责任的后果。除提交证据权利的减损外,恶意诉讼行为亦会导致程序行为无效的法律后果。如前所述,当事人为了拖延诉讼,可能会采取提出管辖权异议的手段阻碍纠纷的正常解决。如案例六中的举例,当事人提出完全不符合法律要求的管辖权异议,异议内容甚至荒谬,对于这样的程序行为被法院驳回而归于无效是不容置疑的。就此种类型提出的管辖权异议还应当规定进一步的失权,即丧失以此种没有法律依据的管辖权异议,在一审提出时被驳回后获得上诉的权利。虽然这种进一步的失权在立法中没有体现,但可以期待未来的立法对其重视。可见对于当事人怠于行使诉讼权利,致使纠纷的解决受到阻碍时,对其施以程序权利减损的民事诉讼法律责任具有

---

[1] 参见张卫平:《论民事诉讼中失权的正义性》,载《法学研究》1999 年第 6 期。

正当性。而诚实信用原则的适用正是需要这样的具体条件作为依据。因此,在利用诚实信用原则规制恶意诉讼行为时,不应将该项内容过分地泛化,而应当通过发挥其在具体程序场合中对具体规则性条款的辅助和例外补充作用,从而完善其适用的合理性。

## 三、当事人救济制度中存在的问题

在2012年修订的《民事诉讼法》中增加了第三人撤销诉讼,由于立法的安排,第三人撤销诉讼的内容被规定在《民事诉讼法》第五章"诉讼参加人"的内容中,在法条出台之初曾一度遭受学者的质疑。[1] 第三人撤销诉讼从其本质来看属于一种诉讼程序,而非诉讼参加人制度,其设立的目的和执行异议、执行异议之诉、案外人申请再审之诉一样,是第三人请求法院撤销、变更生效裁判对自身权益带来不利益的诉讼程序。从该项程序的主体角度观察,立法将这部分内容安排在第59条第3款,紧随我国的第三人制度而设立。这样的安排是否就意味着立法仅允许有独立请求权第三人和无独立请求权第三人提起撤销诉讼。另外,从第三人撤销诉讼撤销的内容来看,第三人提起撤销诉讼的"诉的利益",根源是前诉生效的裁判对其权益带来的损害或不确定状态。但这里撤销的内容是否包含前诉裁判的事实和理由部分,立法上并没有表明态度。第三人在受前诉裁判效力波及的情况下,除前诉产生的既判力外,一定种类的效力如"反射效""争点效",亦可以使其权利义务关系受到影响。因此,如果过分地依赖立法中出现的第三人撤销诉讼,试图在事后救济方面弥补本应当参与前诉的第三人的权益,确实存在一定的弊端。在应对侵害第三人权益的恶意诉讼行为时,应当从保障可能因前诉裁判而受影响的第三人参与诉讼的角度出发,在恶意诉讼

[1] 参见王福华:《第三人撤销之诉适用研究》,载《清华法学》2013年第4期。

行为展开之初注重保障潜在当事人对诉讼的参与权，使其在前诉中充分行使自己的诉讼权利，做到攻防有备，再辅以事后的救济手段。而作为事后救济手段的诸程序设置之间，亦存在因功能竞合而导致的适用困难问题。因此，在试图完善我国当事人救济制度时，尚需要从分析现有各制度中存在的问题入手。

### （一）诉讼告知义务的立法缺失

判决的效力虽作用于参加诉讼的当事人，但“权威的裁判却无法预测当事人以外的人赞成与否”[1]。针对第三人权益进行侵害的恶意诉讼行为在我国早就有之。按照本书对恶意诉讼行为的分类来看，这样的违法行为在创造纠纷型的恶意诉讼行为中，主要表现为前诉当事人恶意串通形成虚假诉讼损害第三人利益的行为，其内容对应现行《民事诉讼法》第 115 条的内容。在现有法律的调整范围内，第三人的救济手段具有多重的选择性，可以通过第三人撤销诉讼来撤销侵害其合法权益的前诉；可以通过执行异议、执行异议之诉的内容防止自己的权益被他人诉讼中的执行行为所侵害；亦可以通过再审制度质疑前诉的纠纷解决结果。看似多样的维权方式，却因法律赋予的权利可能被滥用而使原本用来维权的手段成为新的侵害方式。《民事诉讼法》第 116 条的内容即是对这种侵害的反映，该条表明被执行人亦可能通过执行异议、执行异议之诉的方式阻碍纠纷的解决。可见，我国诉讼法上对第三人的救济制度在应对恶意诉讼行为时依旧存在需要完善的一面。且注重事后救济的立法忽略了第三人对前诉参与的重要性。

法律赋予两造当事人之外的第三人可以参与诉讼的权利，其目的是为第三人提供程序的保障，并且力图达到纠纷一次性解决的立法目

---

〔1〕［意］莫诺·卡佩莱蒂：《福利国家与接近正义》，刘俊祥等译，法律出版社 2000 年版，第 234 页。

的。参与到诉讼中的第三人可以在他人诉讼进行的过程当中，行使自身被法律规定的诉讼权利，通过提出证据材料与诉讼主张来影响裁判的结果，从而第一时间维护自身的合法权益。在应对他人针对自己权益而为的恶意诉讼行为时，具有救济的即时性与直接性。然而我国关于第三人诉讼参与的机制并非极尽完善，相应的配套措施的缺失也使本应当参加到诉讼中的第三人没能及时地参与。

就《民事诉讼法》第59条规定的有独立请求权第三人而言，法律规定的是在其认为诉讼中的双方当事人争议的诉讼标的与其有利害关系时，可以以主动提起诉讼的方式参与。但是实施恶意诉讼行为的双方当事人往往在恶意串通的情况下进行诉讼，知晓其提起诉讼的人并非多数，对可能站出来提出异议的有独立请求权第三人更是会进行隐瞒。这使有独立请求权第三人在实施恶意诉讼行为的前诉开始之时，很难了解这样的诉讼正在进行。就无独立请求权第三人而言，我国主张的是法院可以通知其参加诉讼，当事人自己也可以申请参加诉讼。这里可以通知的规定表明了法院并非将通知该类第三人参加诉讼作为自己的义务，仅是将其作为一项有选择性的职权。可见法律虽然规定了第三人参加诉讼的权利，但面对恶意诉讼行为时，第三人并不一定有参加到诉讼程序中维护自身权益的机会。

除第三人因法院告知义务缺失可能导致程序性权利得不到维护外，现有法院追加当事人的制度也可造成诉讼突袭的隐患。《民事诉讼法》第十二章第二节审理前的准备工作中规定了通知必要共同诉讼人参加诉讼的内容。按照该法第135条规定，法院有依职权通知的义务，在《民事诉讼法司法解释》第73条中明确了除法院通知外，当事人在法院审查参加理由后亦可以申请法院追加必要共同诉讼人。然而这一系列的规定均没有说明必要共同诉讼人由谁进行查明，必要共同诉讼人是否出现在法庭之上完全取决于当事人是否告知法院。由于并没有规定法院有查明必要共同诉讼人的义务，亦没有规定法院释明案件双方当事人添加必要共同诉讼人的义务，导致案件中遗漏必要共同诉讼人的现象时有发生。然而在创造纠纷解决型的恶意诉讼行为中，鉴于恶意串通的双方当事人的故意隐瞒，这里增加必要共同诉讼人的规定具有被架空的嫌疑。在阻碍纠纷解决型的恶意诉讼行为中，当事人为了通过阻碍纠纷的解决来达到法外不法目的的追求，在诉讼开始时并不通知必要共同诉讼人，亦不向法院说明必要共同诉讼人的存在，在诉讼进行到一定程度时为了达到拖延的目的，按照《民事诉讼法司法解释》第73条的内容申请法院追加。这样的追加会导致法院审判工作的加重，同时出现的新情况和新证据对之前的审判可能造成改变或混淆视听的效果。除一审程序中追加必要共同诉讼人之外，在二审程序中提出必要共同诉讼人的存在同样可以起到诉讼拖延的效果。按照《民事诉讼法》第177条第4项的规定，原审判决遗漏当事人的，二审法院裁定撤销原判发回重审。这样出现的程序性的推倒重来，对诉讼进度和纠纷的解决起到了极大的阻碍。当事人和必要共同诉讼人串通拖延诉讼进程还可能发生在再审的程序当中。按照《民事诉讼法》第207条第11项的规定，原判决、裁定中遗漏诉讼请求的，法院应当再审。必要共同诉讼人的出现在这里成为再审启动的条件。可见，我国立法在规定当事人的诉讼参加机制中缺乏法院对当事人的查明机制，为阻碍纠纷解决的恶意诉讼行为人提供了较大的行为空间。这样存在于诉讼中的当事人的突袭，对纠纷的一次性解决产生了较大的妨害。

### （二）第三人撤销诉讼的适用的局限性

#### 1.《民事诉讼法》第59条中第三人受到的侵害

在分析第三人撤销诉讼适用的局限性时，需要对现有第三人的种类加以细化，并就各类型第三人遭到损害的方式进行分析。有学者主张将《民事诉讼法》第59条中的无独立请求权第三人进行细化并区分为两种类型："准独立请求权第三人"和"辅助参加型第三人"。[1] 对于"准独立请求权第三人"，学者依照其本诉裁判其是享有权利还是承担义务为标准，将其区分为"权利型准独立请求权第三人"和"义务型准独立请求权第三人"。

对于"权利型准独立请求权第三人"而言，在本诉裁判原告对被告享有一定权利时，可以请求法院将这一权利的一部分判归自己。[2] 正是由于其具有这样的属性，导致本诉的原告不希望其在诉讼中出现。若前诉的双方当事人为了避免自身权利的减损，或恶意串通侵害第三人权益，在其不告知此类第三人的情况下，裁判生效后则创造出一项发生于前诉双方当事人与"权利型准独立请求权第三人"之间的新纠纷。

对于"义务型准独立请求权第三人"而言，在前诉中与之有利害关系的一方当事人败诉时，其将承担部分或全部的败诉结果。[3] 也正是由于具备这样的属性，导致前诉可能出现双方当事人恶意串通，最终将某项民事责任通过诉讼的形式转嫁他人。这样也形成了"义务型准独立请求权第三人"与原诉双方当事人之间新的纠纷，虽然这类情形的第三人因为需要承担义务，往往会被通知到庭（亦可能因为法院失误没有通知），或者第三人会在法院送达文书要求其承担责任时知晓诉讼，从而可以通过上诉的形式维护自身权益，但其在审判级别上缺少了一审的参加，在审级上的欠缺可能为其维护权益带来困难。

"辅助参加型第三人"的内容与《民事诉讼法》第59条中的无独立请求权第三人最为接近，其出现的目的是辅助一方当事人进行诉讼，而最终法院的判决并不会让其承担法律责任。然而判决中的民事责任可

---

〔1〕 参见肖建华：《民事诉讼当事人研究》，中国政法大学出版社2002年版，第302页。

〔2〕 同上。

〔3〕 同上。

以避免，但判决产生的理由亦可能在后续可能发生的诉讼中出现“争点效”。这样的一种判决产生的附随效力，包括法官对前诉判决形成时的事实认定和判决理由的内容，可能成为后诉中诉讼标的的前提性问题。[1] 该类型第三人对诉讼程序的参加，一方面可以辅助案件内容的查明，另一方面亦是其维护自身权益免受前诉双方当事人的恶意诉讼行为侵害的方法。若这一类第三人因前诉当事人故意隐瞒，无法参与诉讼中，前诉判决又没有使其产生负担，由此形成的遮蔽效果比判决其直接承担法律责任的恶意诉讼更强。对《民事诉讼法》第 59 条中第三人因恶意诉讼行为带来侵害进行分析，可以看出这样的侵害包括了实体权益的侵害和程序权益的侵害，也由此可以概括出第 59 条关于第三人撤销诉讼的起诉条件包括程序性条件和实体性条件两种。

2. 程序条件适用的局限性

关于第三人撤销诉讼的立法，在诉讼法修改的过程中曾提出过两个方案：其一，是在原有的再审程序中增加第三人申请再审的程序，即赋予因不可归责于己而未能参加诉讼的案外人，在能证明前诉的生效裁判对其有法律上利害关系并有损其合法权益的情况下，可以向法院申请再审，这样的设计是为了达到我国已有诉讼程序体系在诉讼传统的基础上实现救济的目的；[2] 其二，是仿效大陆法系立法例，建立第三人撤销诉讼程序，其内容独立于我国再审程序，是一项适用于案外第三人救济的单独程序。[3] 最终立法的出台并没有采取上述两种方案中的任何一种，立法的做法是在《民事诉讼法》第 59 条关于第三人参加诉

[1] 参见[日]新堂幸司：《新民事诉讼法》，林剑锋译，法律出版社 2008 年版，第 524 页。

[2] 参见最高人民法院民事诉讼法修改研究小组编著：《〈中华人民共和国民事诉讼法〉修改条文理解与适用》，人民法院出版社 2012 年版，第 1 页。

[3] 参见张卫平：《〈中华人民共和国民事诉讼法〉修改建议稿》第 16 章“第三人撤销诉讼程序”，载张卫平主编：《民事程序法研究》（第 7 辑），厦门大学出版社 2011 年版，第 388 ~ 392 页。

讼的内容中增加第3款内容，规定该条前诉两款中的第三人，在不可归因于己的事由导致未能参加诉讼，在知道或应当知道诉讼的结果损害其合法权益的6个月内，并在能证明前诉裁判全部或部分错误的情况下，可以提起第三人撤销诉讼。这样的规定专门强调了第三人撤销诉讼程序保障的功能，但在保障第三人参加诉讼权利的同时，亦限制了参加诉讼作为一项诉讼权利行使的自由。

这样的规定在一定程度限定了我国的第三人撤销诉讼的提起主体只能是《民事诉讼法》第59条中的第三人。同时，对第三人施加的限制是“因不能归责于本人的事由未能参加诉讼”，这样的限制使有独立请求权第三人参加诉讼的规定，与其可以提出第三人撤销诉讼的条件产生了矛盾。按照《民事诉讼法》第59条第1款的规定，第三人对双方诉讼标的有独立请求权的情况，是指有权提起诉讼，参加到现有的诉讼程序之中。此处“有权提起诉讼”可以被理解为有权决定是否参加诉讼。然而“因不能归责于本人的事由未能参加诉讼”的限制，使有权决定是否参加变成了在知晓前诉的情况下必须参加诉讼，否则将失去提起第三人撤销诉讼的可能。这样将原本具有选择的诉讼权利，间接变成一种失权可能的做法，与第59条对有独立请求权第三人提起参加诉讼自由的规定存在矛盾。

除此之外，按照《民事诉讼法司法解释》第82条的规定，“义务型准独立请求权第三人”在被判决承担民事责任时，有权提起上诉。此处同样是对享有上诉的诉讼权利的规定，然而此处的“义务型准独立请求权第三人”若放弃上诉，则可能因为不满足“因不能归责于本人的事由未能参加诉讼”的限制性规定，从而丧失提起第三人撤销诉讼的权利。由此可知，我国第三人撤销诉讼的规定，在法律适用的体系理解上，产生了强制知晓前诉的有独立请求权第三人起诉，以及“义务型准独立请求权第三人”在被判决需要承担法律责任时必须上诉的效果。因此在适用上，对原有诉讼权利行使的规定产生了限制。

3. 实体条件适用的局限性

实体条件指的是“有证据证明发生法律效力的判决、裁定、调解书的部分或者全部内容错误，损害其民事权益的”，另外，按照《民事诉讼法司法解释》第 296 条的规定，这里内容错误的应当指的是判决、裁定的主文，以及调解书中处理当事人民事权利义务结果的内容。按照《民事诉讼法》第 155 条的规定，判决书应当包含了案件的案由、当事人的请求、事实认定及理由、适用法律及理由、诉讼费用以及提示上诉相关的内容。从法条中寻找对内容错误的解释，第 177 条第 2 项表述了事实认定错误和法律适用错误的内容。再回归上述第 296 条后半句内容看，调解书中处理民事权利义务的结果，同事实认定与法律适用错误相当，均指向的是因裁判内容损害第三人的民事权益。前诉的生效判决依照是否具有给付内容来看，在不具有给付内容的形成诉讼中，判决一经生效即发生民事法律关系的变动从而侵害第三人，而具有给付内容的判决则需要依赖执行来侵害第三人。

从直接引发民事法律关系变动的角度来看，如前文案例一中的情形，因为出卖人与前手买受人间不动产转让合同被认定无效，出卖人的所有权恢复圆满状态，上面不再设有负担行为，从而侵害了后手买受人请求履行房产过户的权益。按照前诉裁判文书直接引发民事权利义务关系变动，作为第三人撤销诉讼的实体条件分析该案件，后手买受人与其直接前手存在合同关系，但与出卖人并不存在合同关系。出卖人与其前手进行的前诉，裁判结果直接导致前手丧失了请求房产过户的权利，基于买受人尚未过户从而没有取得所有权的情况，前诉的裁判无法使其本就没有取得的物权造成损失。买受人此时因为其前手丧失请求过户的权利，从而自己也无法过户。按照最高人民法院《关于审理买卖合同纠纷案件适用法律问题的解释》第 3 条的规定，买受人与其前手的买卖合同依然有效,买受人诉的利益仅能是无法实现其与前手的合同利益,而不是出卖人与其前手的合同被认定为无效。然而该案件确实存在前诉系由恶意诉讼行为引发的事实,且此时仅让买受人按照自己参与的合同利益进行另诉,获得的违约金较房产实际价值差距甚大。虽然实践中确实以第三人撤销诉讼处理,但因该程序实体条件的局限性,该案件可能被认定为程序适用错误。因此,也暴露了第三人撤销诉讼实体条件的局限性。

从需要通过执行程序来实现给付内容,从而侵害第三人权益的案件来看,如前文案例二、案例三中的情形,前诉裁判生效并没有直接导致第三人权益受到侵害。然而立法规定的第三人撤销诉讼实体条件为侵害民事权益,却忽略了具有侵害民事权益可能的阶段。而前诉裁判生效,到进入执行的这段时间即是具备侵害民事权益可能的阶段。

4.各救济程序间竞合造成的混乱

对于上述排除第三人撤销诉讼适用,运用其他程序性救济维护自身权益的案件尚且容易理解,但对于既可以运用第三人撤销诉讼,又可通过其他程序救济的案件,则需要考虑诸救济程序间的竞合问题。如前文案例二、案例三中对投资人权益和对股东权益侵害的案件。这里的投资人和股东均可划归为前述"辅助参加型第三人",其应当出现的状态是,辅助参加因恶意诉讼行为引发的前诉,在其中以辅助被告的身份出现,在证明前诉事实系伪造的情况下,产生被告胜诉的法律效果,从而防止被告通过前诉转移财产。而基于前诉为恶意诉讼,其"辅助参加型第三人"身份未能在程序中出现,立法赋予其提起第三人撤销诉讼的权利。这里需要注意的是,该第三人并非在裁判生效之时就产生了权益被侵害的后果,尚需要等到前诉裁判中的给付内容被执行,在执行中才会发生财产的转移。因此,该第三人在前诉进入执行程序后,可以申请执行异议,在执行异议被驳回后亦可通过案外人身份提出再审。

而根据《民事诉讼法司法解释》第303条的内容,案外人应当按照《民事诉讼法》第234条内容提出再审申请,而非提出第三人撤销诉讼。由此可知,救济程序的竞合,亦会导致第三人撤销诉讼适用的局限性。

### (三)执行异议之诉与再审的不足

民事诉讼法将实体权利义务纠纷划分为对立的双方当事人以及诉讼标的。通常情况下,确定判决的既判力仅具有相对效力,也就是说,既判力本该仅及于双方当事人而已。判决的目的是解决当事人之间的纠纷,因此只要拘束法院和两造当事人即可。一般而言,审判是由法院据当事人提出的实证资料、辩论情况作出的,如果不赋予案外第三人以辩论机会,却将判决效力及于该第三人,强迫该当事人接受裁判的约束,将剥夺当事人受程序保障的利益。因此,既判力原则上不及于诉讼外的人。然而这样的认识与实体法秩序是否协调,颇有疑问。就前文中提及的情况来看,恶意串通虚构法律事实提起诉讼的当事人将既判力向有法律关系或事实关系的第三人扩张,是此类恶意诉讼行为目的追求所在。除去判决结果对法律上有利害关系人的效果外,判决在事实上亦可以影响案外人确定的权利义务关系。对案外第三人在诉后的救济制度,我国可供选择的立法例除第三人另行起诉外,还包括案外人提出再审、第三人撤销诉讼、提出执行异议、执行异议之诉。

执行异议与执行异议之诉只能在执行的过程中被提出。按照《民事诉讼法》第232条和第234条的规定,我国的执行异议包括对执行行为的异议和对执行标的物的异议即可以说明,执行异议的内容既包括对程序行为的异议也包括对实体法律关系的异议。同时,执行异议亦是执行异议之诉的前置程序。按照《民事诉讼法司法解释》第302条的规定,执行异议之诉需向执行法院提出。这样的制度设计使对执行异议之诉进行判决的法院与驳回执行异议的法院成为同一法院。因此,在前置程序中未能实现的权益保护，想要换一种形式，依旧在同一法院实现显得尤为艰难。若要将对执行异议的审查认定为形式上的审查，就不应当规定当事人还可以就执行的标的提出执行异议，因为对标的的审查必然涉及实质性的审查，因此这样的解释并不能成为立法规定执行异议与执行异议之诉由同一法院审查的理由。另外，在制度设计上，案外人提出执行异议之诉的前提是执行异议被裁定驳回。若假设执行异议的理由被支持，法院中止了前诉的执行程序。但执行异议仅有中止执行的效果，对前诉标的物的处理尚且需要判决来认定，此时案外人却无法提起执行异议之诉，单就一项支持执行异议的程序性裁定无法解决实体问题引发的纠纷。因此，执行中对案外人的救济制度本身在设计上存在不足。

对于案外人提起再审，主体原则上应当是受到确定判决效力约束且具备要求撤销判决利益的人。其中包括前文提及的，被隐瞒的必要共同诉讼人和口头辩论结束后诉讼权利的承继人。[1] 但基于其享有撤销前诉的利益，同时亦没有参与前诉诉讼过程，实体利益和程序利益均受到侵害，在前诉系因恶意诉讼行为提起的情况下，排除第三人撤销诉讼的适用，仅能通过再审维护自身权益的立法规定值得商榷。原因在于再审主要针对的是原审当事人之间的纠纷，而前诉的恶意诉讼行为实质上创造了针对案外人的新纠纷，对于再审而言，应对这一被刻意创设出来的新纠纷显得较为陌生。[2] 因此，究竟第三人撤销诉讼与再审哪一项更为适合解决这一问题，不仅应当考量第三人适用条件的限制，还需要考量再审与第三人撤销诉讼适用位阶的解释。

---

〔1〕 参见［日］新堂幸司：《新民事诉讼法》，林剑锋译，法律出版社2008年版，第669页。

〔2〕 参见张卫平、任重：《案外第三人权益程序保障体系研究》，载《法律科学（西北政法大学学报）》2014年第6期。

## 第二节 实体法规制中存在的欠缺

### 一、适用侵权责任时存在的欠缺

#### (一)存在侵权责任无法概括的内容

基于恶意诉讼行为产生的法律责任具有综合性,若将所有的恶意诉讼行为均以侵权行为来定性,则无法涵盖该违法行为侵害的对象,使在属性定位上具有天然的欠缺。这样的应对措施只是单方面地解决了恶意诉讼行为可能导致对他人民事权益侵害的内容,却忽略了其对司法权威的影响。判决和裁定的错误引发的司法公信力的受损超出了《民法典》侵权编针对侵害民事权益的评价范围。亦有学者指出,根据原我国《民法通则》第 106 条第 2 款[1]的内容可以很好地将恶意诉讼行为归入侵权行为的行列进行定性。[2] 该条文内容指出了国家或集体的财产因当事人过错侵害而受损时,当事人应当担责的情形。但将司法权威的侵害和司法资源的浪费归于国家或集体的财产受损,显然过于牵强。从另一个角度观察,若恶意诉讼行为在引发诉讼的初级阶段就被司法机关识别出来,并被司法机关及时遏制,侵害并没有实质地到达被侵害人,此时上述基本逻辑链条在第二步的时候发生断裂。若仅通过实体法进行规制,则此时因为缺失受侵害方的告诉,法院又无法通过《民法典》侵权编制裁恶意诉讼行为实施

---

[1] 现为《民法典》第 176 条规定:“民事主体依照法律规定或者按照当事人约定,履行民事义务,承担民事责任。”

[2] 参见潘牧天:《论滥用民事诉权侵权与民事侵权的逻辑关联》,载《苏州大学学报(哲学与社会科学版)》2015 年第 4 期。

者，仅通过驳回的方式将其排除在程序之外，无法有效地起到警示作用，也无法有力地维护司法权威。由此可知，恶意诉讼行为造成的侵害存在侵权责任无法完全概括的内容，因而并不能泛化地认为所有恶意诉讼行为均可被纳入侵权责任进行规制，而是应当通过总结我国程序法中关于诉讼行为违法新条款的内容，提炼总结可以适应侵权责任的范围。

（二）与程序法规制衔接的欠缺

虽然依照前述分析，可以明确侵权责任对恶意诉讼行为进行规制具有可行性，但依旧存在与程序性规制衔接应用的欠缺。从我国现行《民事诉讼法》中归纳出对案外第三人事后进行救济的程序主要包括：执行异议、执行异议之诉、第三人撤销诉讼与再审。在给付之诉中，侵害的结果需要通过执行程序来实现时，案外第三人可以通过申请执行异议来排除侵害的发生。例如，案例二中的情形，投资人的资产被前诉中恶意串通的双方当事人通过调解书中的给付义务转移。在前诉调解书被申请执行时，案外第三人申请执行异议仅能排除对执行标的执行，并无法改变前诉调解书的效力。只有在执行异议被驳回的情况下，可依照《民事诉讼法》第 234 条的内容提出再审的申请。即便案外人在再审中胜诉，仅能达到的效果是《民事诉讼法司法解释》第 405 条的内容撤销前诉裁判结果。对于投资人而言，对其投资利益侵害的实际救济，在于请求被投资方履行合同义务或承担违约责任。这样的需求并无法在再审中得到救济。在投资人选择运用第三人撤销诉讼进行救济时，与申请再审的效果近似，按照《民事诉讼法司法解释》第 298 条的内容同样仅能发生撤销前诉裁判的效果。在形成诉讼中，侵害的结果在裁判生效后即可发生。例如，案例一中的情形，后手的买受人虽应用第三人撤销诉讼撤销了前诉中调解书的效力，但依旧无法在第三人撤销诉讼中获得房产过户的实际救济。对于因参加诉讼而带来的直接损失,虽然立法中规定诉讼费用由败诉方承担,但聘请律师的费用却未被提及。对于本不应该发生的诉讼,除提交法院的诉讼费用之外,参加诉讼的成本同样应当被计算到损害赔偿的范围内。诸多内容表明,在追究恶意诉讼行为者侵权责任时,需要衔接于程序法中的救济程序以明确受侵害者获得救济的方式,同时还应考虑程序运行中产生的成本来扩张损害赔偿的范围。

## 二、追究刑事责任时存在的欠缺

### (一)存在罪名竞合的问题

《刑法修正案(九)》将该条内容安排在妨害司法罪的章节之下,显然最先强调的是该内容对民事诉讼司法秩序的不良影响。他人合法权益被侵害作为妨害司法秩序外另一种受到侵害的法益,立法也做了相关规定。在该罪名的行为作用下,因非法占有他人财产或者逃避合法债务又构成其他犯罪的,从一重罪处罚。这样的内容是对"事实上一罪"[1]的说明。然而在侵犯司法秩序这一法益方面,亦可能触犯数个罪名,由此易引发因罪名竞合导致罪名适用上的争议。按照条文内容对其进行文义解释可知,构成该罪名的前提是实施了捏造事实并成功引发民事诉讼的行为,侵害的客体包括司法秩序或他人合法权益。对于司法秩序和他人合法权利,条文中运用的是"或者"的语义逻辑,按照排列组合的方法来看,造成的损害结果有三种形式,可对此处两种法益构成单独侵害或同时侵害,又根据有些裁判结果在未侵害他人合法权益时即被发现的情形,因此排除仅造成他人权益侵害的情形,保留另外两种组合形式。可以认定,该罪名侵害的客体为复杂客体,[2]从而易

[1] 杨兴培:《论一罪的法律基础和事实基础》,载《法学》2003 年第 1 期。
[2] 参见覃波:《论诉讼欺诈的刑法规制困境及出路》,载《学术交流》2016 年第 4 期。

引发罪名竞合的问题。从恶意诉讼行为具有侵害民事权益,同时在获取法院裁判效力方面具有欺诈的特性可知,其与诈骗罪的规制易产生混同,若以从一重罪处罚的方式追究刑事责任,则可能直接导致诈骗罪的适用。此外,在逃避法律文书确定义务方面,易与拒不执行判决、裁定罪的内容竞合。可见,虽然刑事立法增加了针对恶意诉讼行为的罪名,但在法律适用方面会因与其他罪名的竞合,而产生实践中追究刑事责任时定罪的困惑。

### (二)新增罪名适用困难

虽然可通过《刑法修正案(九)》第35条中新增的罪名,虚假诉讼罪来追究恶意诉讼行为者的刑事责任,但该罪名在适用上却可能因为《民事诉讼法》第115条、第116条的规定受到限制。现行程序法中仅规制双方恶意串通侵害案外人需承担刑事责任的情形,而实践中尚存在一方当事人虚构事实提起诉讼侵害对方当事人的情形。此种情形在侵害的客体上同样符合该罪名规定的妨害司法秩序、侵害他人权益的内容。不可因为未在程序法中叙明就排除在该罪名的适用范围之外。

同时该罪名与《刑法》中第307条的内容亦存在竞合,即在实施恶意诉讼行为时同样存在与他人协作伪造证据的情形。对于这样的行为手段同样可以触犯妨害作证罪、帮助毁灭、伪造证据罪等罪名。在量刑方面,原有罪名与新增罪名的内容完全一致。因此,新增罪名很可能因为竞合的原因,被原有罪名所取代,无法发挥其规制恶意诉讼行为的本质追求。对于这样的情形尚需要通过法解释学的方法进行完善。此外,在适用新罪名时还需要衔接民事诉讼程序的相关内容,以此来认定犯罪形态的问题,对于刑事附带民事赔偿的内容则应当结合侵权责任来考察。对于恶意诉讼行为产生的法律责任综合体,不宜在追究其中一种法律责任时忽略其他责任导致的结果,而应当以综合考量的方式,在承认各法律责任相互独立的基础上,追究责任时注意完善各责任间的协调与衔接。

# 第五章 程序法规制的完善

## 第一节 在立案阶段预防恶意诉讼行为

《中共中央关于全面推进依法治国若干重大问题的决定》中明确提出对公民诉权的保障："改革法院案件受理制度，变立案审查制为立案登记制，对人民法院依法应该受理的案件，做到有案必立、有诉必理，保障当事人诉权。"这样的改革精神被《民事诉讼法司法解释》所吸收，表现在其中208条的规定，即人民法院在起诉满足《民事诉讼法》第122条积极要件，同时排除第127条消极要件的情况下，法院应当予以登记立案。这预示着人民法院将立案工作进行改革，由原来的立案审查制转变为立案登记制。一方面该项改革保障了当事人的起诉权，让起诉行为均在法院被记录；然而另一方面，强调保障起诉的同时，在一定程度上也让恶意诉讼行为者有机可乘。随着人们法治思想的日益强化，运用诉讼来解决纠纷已经不再陌生。维权思维的强化伴随自由欲望的表现，运用现行民事纠纷解决机制来进行欺诈，损害对方或第三人利益，骗取法院管辖等侵害对方当事人利益的现象也时有发生。结合全会公报上下文信息分析，公报中提及立案制度改革的下文便是："加大对虚假诉讼、恶意诉讼、无理缠诉行为的惩治力度。"表明针对恶意诉讼行为的法律规制亦是司法改革过程中的一项重要议题。由此可知,日臻完善的社会秩序并非一种外部强加给社会的压力,其实质是一种从内部建立起来的平衡。〔1〕司法改革带来进步,但如何维持改革后制度变化带来的各类社会效应间的平衡亦是改革过程中不可或缺的环节。

我国法院的立案工作至今仍然处于由审查起诉向登记起诉变革的初期实践阶段。我国有关立案程序的详细规定始于最高人民法院《关于人民法院立案工作的暂行规定》,该规定虽现已废止,但其中标志性地规定了立审分离原则,此后的《人民法院五年改革纲要》也继续强化了立审分离的重要性,再到最高人民法院《关于人民法院登记立案若干问题的规定》(以下简称《登记立案规定》)明确了现行立案应当适用立案登记制度。早先法院系统应对立案的态度一直是以审查起诉为主导的,而立审分离的态度也使法院出现单独的立案部门,也正因如此,立案阶段对诉讼要件进行实质审查成为案件进入法院的必经道路。虽然现在确立了立案登记制度,使立案初期只需提交初步证据,但初步证据亦应当展现案件主要的要件事实。考察域外立案相关制度可知,当今大陆法系民事立案的基本理论主要围绕诉讼要件的概念展开,该理论由德国著名诉讼法学者标罗在1986年发表的《诉讼抗辩论与诉讼要件》一文中首次提出。〔2〕概括来看,德国立法中的诉讼要件分为绝对诉讼要件和相对诉讼要件,分别是管辖权要件、当事人能力要件、同种类诉讼系属要件,既判力要件;仲裁协议、诉讼费用担保。〔3〕日本立法的相关规定包括当事人及法定代理人、请求的目的及原因、诉讼费事项、

〔1〕参见[英]弗里德利希·冯·哈耶克:《自由秩序原理》,邓正来译,生活·读书·新知三联书店1997年版,第183页。

〔2〕参见孟涛、潘水良:《论标罗诉讼要件理论的创立》,载《政治与法律》2008年第5期。

〔3〕参见崔峰:《敞开司法之门——民事起诉制度研究》,中国政法大学出版社2005年版,第52页。

送达被告。[1] 现代美国立案标准被称为通知诉达(notice pleading),始于1938年的《联邦民事诉讼规则》。具体表述为原告表明其有权获得救济的简短和平实的起诉主张应当包括构成案件诉讼主张的具体事实。[2] 英国的起诉是以原告向法院申请签发诉状(claim form)为开端,其内容主要包括,诉讼请求的性质,原告的请求以及和请求有关的诉状明细。[3] 两大法系国家的法院一般并不为立案工作而单独设立办公机构,针对民事立案的审查一般在书记官处进行登记即可,对诉讼要件也并不作出实质性的审查。[4] 为应对国际发展趋势和我国诉讼长期来表现的起诉难问题,《中共中央关于全面推进依法治国若干重大问题的决定》中明确提出立案登记的改革,以及《民事诉讼法司法解释》的颁布,表明我国法院针对立案的处理正在从审查起诉向登记起诉转变。

我国现阶段设立立案登记制度,从立法条件上更多地体现了立案时的便民特色,在降低起诉条件方面并未起到显著的作用。虽然在面对立案制度改革时会出现因降低起诉条件而导致恶意诉讼频发的问题,但就此放弃更进一步的改革未免因噎废食。因此,做好立案制度改革与恶意诉讼防治的衔接是当今立法的必然要求。衔接二者的关系必然要将立案登记化作恶意诉讼防治的环节,从制度设计的本质上使二者兼容并蓄。

## 一、"特别损害"发生起点的判断

如前文第一章内容所述,关于恶意诉讼行为在起诉阶段就表现出来的侵害方式包括恶意串通和单独的缠讼,径行提起一项虚构的诉讼,

---

[1] 参见[日]中村英郎:《新民事诉讼法讲义》,陈刚、林剑锋、郭美松译,法律出版社2001年版,第152页。

[2] 参见《美国联邦民事诉讼规则证据规则》,白绿铉、卞建林译,中国法制出版社2000年版,第23页。

[3] 参见《英国民事诉讼规则》,徐昕译,中国法制出版社2001年版,第76页。

[4] 参见宋旺兴:《论民事诉讼立案审查制度》,载《西南政法大学学报》2008年第2期。

也可能在执行阶段恶意介入逃避法律文书确定义务的履行。立案登记制度运用在恶意诉讼行为规制中发挥的作用不仅是收集登记当事人立案起诉的信息,而且还是判断恶意诉讼行为着手的重要标准。

在诸多恶意诉讼的案件中,受侵害一方有时不希望自己的形象以被起诉的形式被人们所关注。比如劳动争议诉讼中,用人单位需要投入大量的人力和时间来应对诉讼,并且在一定程度上,诉讼给用人单位带来名誉上的损害也使其选择"息事宁人""多一事不如少一事"的态度,迅速采取"破财免灾"的方式平息诉讼,从而被怀有不法目的的劳动者所利用。[1] 为了保障当事人的诉权,《民事诉讼法司法解释》第214条规定,对于原告撤诉或者人民法院按撤诉处理后,原告以同一诉讼请求再次起诉的,人民法院应予受理。因此裁定不予受理、驳回起诉的案件,原告再次起诉,符合起诉条件的,人民法院应予受理。被起诉的一方当事人在受诉时的退让,可能导致的是原告利用撤诉后还能就同一请求再次起诉的规定反复提起诉讼,在被告选择"破财免灾"的方式使原告撤诉后还有再一次被卷入诉讼的可能。虽然不能排除双方当事人之间真实存在纠纷有待解决的可能,但也不可姑息原告方对上述规则以及被告方出于维护自身形象或其他利益不愿引发诉讼心理的利用。

在面对上述情形时,立案登记制度的作用显得尤为重要。作为诉讼开始标志的立案,在这里也成为判断恶意诉讼行为开始的起点。法院的立案在这里标志着被告的形象将受到法律的评价,就其社会评价而言,在进入诉讼的那一刻起就已经带来了相应的贬损。被告方在计算自身损害的起始便是法院接收起诉材料登记立案之时。被告方在这里的损害不应仅限于参与诉讼所投入的成本,还应该包括在法院立案之后或对其名誉的负面评价,抑或因负面评价而带来的直接经济损失。

---

[1] 参见宋强:《劳动争议中劳动者的恶意诉讼及防范》,载《中国人力资源开发》2013年第7期。

立案登记所登记的原告方信息、诉讼的理由及诉讼请求将成为被侵害者在后诉对恶意诉讼行为进行控诉的相关证据。

《民事诉讼法司法解释》第313条规定，申请执行人因被执行人与案外人恶意串通提起的执行异议之诉受到损失的，可以提起诉讼要求损害赔偿。这项规定也为恶意诉讼的规制手段提供了新的思路，即受损害的申请执行人可以通过起诉的方式要求损害赔偿。法条当中虽然没有规定提出的是否是侵权之诉，但究其内容理解不难发现，立法者在此已经将恶意诉讼以侵权的性质进行对待。在美国，恶意诉讼行为的规制就是通过侵权诉讼来为当事人寻求救济，恶意诉讼被视作一种侵权方式来对待。[1] 在应对恶意诉讼这样的侵权行为时，辨别该行为的起始点显得尤为重要。不能在侵害人仅具有侵害意思时就对其进行惩罚。同样，若等到侵害行为完结时再来救济并计算损害，对被侵权人来说又显得不公平。此时运用立案登记制度来作为判断侵权行为着手点便显得尤为重要。因此，法条中规定的通过起诉方式要求损害赔偿，其实质上指的是以恶意诉讼行为侵权为由提起的一项新的诉讼。在这项新的诉讼当中，原案件的申请执行人为被告，恶意串通的案外人为原告，被执行人基于与案外人恶意串通的主观故意，当然地不会反对案外人的异议，也不会被列为共同被告，其行为在此属于共同侵权行为，判断对方实施侵权行为之时便是其提起审查执行异议的申请或提起执行异议之诉的那一刻。根据最高人民法院《登记立案规定》第8条的规定，执行异议之诉同样适用立案登记制度。因此，在执行异议之诉被立案登记的那一刻被当然地认为是此种恶意诉讼行为开始之时。

上述是关于以侵害为目的起诉，运用立案登记作为“特别损害”起点的判断。对于《民事诉讼法》第115条中恶意诉讼行为的起算点，则

---

〔1〕 See John Williams, *False arrest, malicious prosecution, and abuse of procession § 1983 litigation*, Touro Law Review, Vol. 20, p. 705(2004).

需要分两种情况讨论。其一，如前文案例一中描述的情形，前诉案件为形成诉讼，裁判结果直接导致了实体权利的变化，这样的案件中基于没有执行程序的发生，“特别损害”的起点以前诉判决生效时为准；其二，对于案例二、案例三中描述的情形，前诉裁判具有给付内容，则以申请执行人向执行管辖法院申请执行时才会发生“特别损害”，基于最高人民法院《登记立案规定》第18条的规定，强制执行申请适用立案登记制度，因此应用立案登记作为“特别损害”起点的判断。

## 二、立案信息应对缠讼的功能

缠讼现象在当今社会时有发生。一方当事人可能对纠纷解决的结果不满意而反复提起诉讼。也有甚者运用诉讼的形式来达到非法的目的，利用某个案件在管辖上的多重选择性，反复将案件诉至各不同法院，使法院重复立案。在应对重复起诉问题时，《民事诉讼法司法解释》中规定了重复起诉的条件，即针对法院已经生效的裁判或已经提起诉讼的事项，同时满足当事人、诉讼标的和诉讼请求三方面，且前诉与后诉相同，或后诉是对前诉裁判结果的实质否认。除此之外，原审原告在第二审程序中撤回起诉后重复起诉的，一审原告在再审审理程序中撤回起诉后重复起诉的均构成重复起诉的内容，人民法院不予受理。而这些属于重复起诉的内容都将在立案环节中被排查出来。由此对法院之间立案信息的互通，立案审查时需排查的相关信息提出了较高的要求。

早在《人民法院五年改革纲要》中信息互通就已经成为科学设置法院内设机构的重要内容。在加快计算机网络通信建设的基础上，我国已经基本实现最高人民法院与高级人民法院、中级人民法院、基层人民法院之间的计算机联网，在案件管理、信息和数据统筹、传输收纳案件方面做到了信息的互联。在此基础之上实现立案登记制度，正是对法院内部信息网络互联的有效应用。通过立案信息对数据库内容的扩充,法院在排查当事人是否存在重复起诉时可以有效地获悉其是否已经在其他法院重复立案的信息。现阶段的立案登记制度在方便当事人进入诉讼的同时,为日后被缠讼困扰的受侵害人列举证据保留了依据。

由此可知,立案登记制度的改革在应对恶意诉讼防治问题时起到的是积极的作用,不仅在当代司法改革已经达到的一定成果的基础上深化改革了立案制度,也提高了立案阶段法院排查恶意诉讼的可能性。

## 第二节　对诉讼中非诚信行为的约束

基于诉讼中非诚信行为具有隐藏性,因此对恶意诉讼行为的规制也可能引发诉权保障的困惑。在关注力集中于当事人将如何恶意地选择并推进诉讼程序的同时,很可能会因噎废食地限制当事人诉讼权利的行使,剥夺当事人对程序行为的自由裁量。一方面,权利行使的选择背后是每一个个案个性化的凸显,当事人并不会直面表达其内心的真实追求,而对程序的推进也往往是其诉讼策略的外化表现。另一方面,公平正义、诚实信用的评价本就建立在一个抽象的价值追求上,在满足外观合法的情况下,可以说每一个诉讼策略的内容都是在行使接近正义的权利。在诉讼资源匮乏的当代,与其花费大量精力追求抽象价值的满足,不如考查行为外观是否合法来得直接便捷。由此可知,现实中存在大量恶意诉讼行为的案件,法官不会因为仅仅怀疑原告具有恶意地提起诉讼的可能,就在其符合起诉条件的情况下驳回起诉。

在承认恶意诉讼行为的存在并对其进行规制的前提下,可能产生进入诉讼的当事人的行为均存在恶意的观念。而对恶意内容认识的模糊性也使这样的观念更为深化。对诉讼过程中当事人诉讼行为诚实守信的要求,并非仅是一项模糊的道德要求,更多的是维护司法权威公平正义的立法内部准则。对于参加诉讼的双方当事人而言,一项有效的判决是他们选择进入诉讼的追求,从根本上说是对其有利的,倘若这项判决的内容涉及他人合法利益,并对此有损,则侵害的是可能进入诉讼的潜在当事人的利益,同时对司法的权威性带来了损害。同样,对于一方当事人而言,程序的延后可能带来利益,而对另一方当事人而言这是显失公平的,同时阻碍了司法效率的实现。对诉讼权利进行保障的追求并不仅为保障一方当事人而存在,还应当保障对方当事人以及潜在的可能进入诉讼的当事人。因此,对恶意诉讼行为的规制并不意味着损害当事人的诉讼权利,这样的规制更多的是维护司法的权威并均衡地保障各方当事人的合法权益。对于法条没有明文规制非诚信行为,而诚实信用原则又因其过于宽泛导致适用困难时,则需要以诚实信用原则为基础,增加其项下延伸制度的适用。

## 一、强调诉讼中的真实义务

真实义务的内容在世界上的诸多立法例中均有体现,《日本民事诉讼法》第 209 条规定了当事人陈述的真实义务,赋予了法院对经宣誓后而作出虚假陈述的当事人进行罚款的权利;第 230 条规定法院对当事人或其诉讼代理人与真实相反而争执文书制作真伪的,可进行罚款。[1] 相较于日本立法更为详尽的是《德国民事诉讼法》第 138 条规定,法律上禁止以增加对方当事人负担为目的的,主张明知不真实或不确定的事实;亦禁止反驳自己明知正确或已确信的他方主张。[2] 从该条文字面意思理解,立法对当事人在诉讼中进行攻击和防御的主张提出了较高的要求,如果当事人在提出事实主张时没有尽到对其真实性

---

〔1〕 参见《日本新民事诉讼法》,白绿铉编译,中国法制出版社 2000 年版,第 85、90 页。

〔2〕 参见[德]奥特马·尧厄尼希:《民事诉讼法》(第 27 版),周翠译,法律出版社 2003 年版,第 141 页。

进行调查的义务,则其将违反真实义务。这样的理解显然将法律义务演变成了法律上的负担。按照奥特马·尧厄尼希对该条文的理解,这样的规定并非意味着当事人提出的主张必须符合依照实体法规定赢得诉讼的程度,这对当事人需要具备的法律知识量要求过高,若当事人提出的事实缺乏此种意义上的完整性,那么法院应当在诉讼进行过程中尽力进行补充,以达到实体法要求的形成审判结果的状态;第 138 条中的不真实指的是主动主张一些不真实的内容或叙述不完整的事实。[1]因此,德国学界对真实义务的通说是,不强求当事人在诉讼前就对真实性进行调查的真实义务有限说,这样的内容就将真实义务限定在诚实义务的范围内。[2] 这也意味着真实义务的要求下是允许合理败诉出现的。诉讼程序的引发基于当事人诉权的行使,诉讼具有当然的风险性,若对当事人提出较高的真实义务就意味着在诉讼开始之前诉讼的结果既已被知晓,这样的结论显然是错误的。合理败诉指的是当事人在诉讼开始前,基于自己对现有纠纷事实的理解以及对法院审判结果的合理预估而提起诉讼,但可能因为证据材料的不足或预判的失误导致的败诉,这样的败诉与盲目性地为骚扰他人而提起的诉讼具有显著的区别。

基于真实义务的否定性评价仅限于当事人故意陈述的非真实,可以该内容有力地规制创造纠纷型恶意诉讼行为中的一方当事人为侵害另一方当事人而提起诉讼的情形。在前文所述的案例四中,原告将没有参与引发纠纷冲突的他人作为共同被告进行起诉。在这一肢体冲突引发的纠纷中,原告对参与冲突者内心可以达到明确的已知状态,从而在此满足了以增加对方当事人负担为目的的,主张明知不真实或不确定事实

---

〔1〕 参见[德]奥特马·尧厄尼希:《民事诉讼法》(第 27 版),周翠译,法律出版社 2003 年版,第 142 页。

〔2〕 参见任重:《民事诉讼真实义务边界问题研究》,载《比较法研究》2012 年第 5 期。

的构成要件。若按照德国程序法的规定,此诉讼中的原告应当受到法院的罚款。然而,因为我国没有对当事人真实义务的相关规定,仅在《民事诉讼法司法解释》第四章中关于证据的规定中出现了真实义务的规定,立法上仅具有对证据内容的真实性要求,并在不能满足真实性认定的情况下当事人得承担证明责任的需求。这样使该案件中原告在后诉当中,被不当卷入前诉的被告提出承担赔偿其因法院传讯而损失的工资和车费,并承担后诉的诉讼费用的主张,并受到法律的否定性评价。基于此,为完善我国诚实信用原则的可适用性,在立法上可以规定当事人陈述的真实义务。

按照前文对恶意诉讼行为的分析,该类型的恶意诉讼行为包括一方当事人侵害另一方的情形,还包括恶意串通的双方当事人侵害案外人的情形。在恶意串通的恶意诉讼行为案件中,由于当事人双方将其需要陈述的内容做了充分的掩饰,致使在这样的案件中并没有真正意义上的纠纷。在这种案件中,法官是否应当主动发现真实,还是按照当事人陈述的事实和提交的证据径行判决,学者认为这涉及的是真实义务同辩论原则之间的紧张关系。[1] 我国立法的解答是法院应当主动发现真实,根据《民事诉讼法司法解释》第 144 条的规定可知,法院对恶意串通的行为在审理民事案件时应当主动发现。这一内容在法院适用民事诉讼强制措施,主动处罚恶意诉讼行为上是具有正当性的;换另一个角度考虑,恶意串通欺诈法院的行为有损司法权威,法院给予对自身审判权的维护主动发现真实同样也是正当的。基于此,适用诚实信用原则中对当事人陈述真实义务的要求,规制恶意诉讼行为在我国是具备适用可能性的。为了达到立法的完善,除引入德国法的规定外,还应当规定相关的宣示性规则,让进入诉讼而又不具备法律知识不了解真

〔1〕 参见任重:《民事诉讼真实义务边界问题研究》,载《比较法研究》2012 年第 5 期。

实义务的当事人通晓此内容的要求。

首先,设立诉前关于恶意诉讼行为的释明制度,让当事人在诉讼进入之初即了解恶意诉讼行为将对其带来的不利后果。其次,在释明制度的基础上建立诚信诉讼承诺机制,要求当事人签署承诺书,以此起到预警和督促的作用。在此时完善信息系统,强化关联案件排查力度有助于审判过程中对当事人违反真实义务的发现。最后,建立诉讼诚信系统,将诉讼诚信纳入社会征信系统中,增加当事人不诚信行使诉讼权利的法外负担。

## 二、加强禁反言原则的适用

我国立法将诚实信用原则从实体法领域引入程序法领域的做法,让禁反言原则的适用具有了较大的空间。学者将禁反言原则归类为诚实信用的表现形式,其内容指的是,当一方当事人负有从事对方所预期一定行为的义务时,其实际所做出的行为却是有悖对方预期的,这样的行为方式被视为是对诚实信用原则的违反,并需要被赋予否定性评价。[1] 从其概念中提取出来的行为构成可以被归纳为三个方面:(1)当事人在诉讼过程实施的行为与其之前在诉讼程序中或程序外实施的行为相背离;(2)在对方赖以信任的前提下实施了与承诺背离的行为;(3)其被信赖的先行行为给信赖者造成了假象,使其为之付出自己的行为从而遭受损失。[2]

我国《民事诉讼法》中亦存在体现禁反言原则的规定,第237条第2款规定,当事人不履行和解协议时,法院依当事人申请恢复对原生效判

---

〔1〕 参见[日]谷口安平:《程序的争议与诉讼》,王亚新、刘荣军译,中国政法大学出版社2002年版,第175页。

〔2〕 参见张卫平:《民事诉讼中的诚实信用原则》,载《法律科学(西北政法大学学报)》2012年第6期。

决的执行。该内容的实例体现在最高人民法院发布的第一批指导案例的2号案件中。[1] 在该案件中，原告起诉被告，提出了要求被告支付合同价款及利息的诉讼请求。一审法院支持了原告的诉讼请求。之后被告上诉，二审进行中原被告双方达成了有关支付价款的和解协议，协议中原告放弃了对利息的请求。二审中被告以达成和解协议为理由撤回了上诉，可是并没有按照和解协议内容全面地履行还款义务。至此原告申请执行一审判决获得法院支持，被告又以其具有和解协议申请执行监督，但最终被二审驳回支持执行原一审判决。对于这一案例最高人民法院在给出的审判理由中运用了诚实信用原则。依照其审判理由分析，该案原被告在二审阶段达成和解协议，原告做出了放弃价款利息的让步，其行为符合禁反言原则中信赖对方会依照其承诺履行义务，并为这样的承诺付诸了自己行为的构成要件；被告没有完全地履行和解协议内容，符合实施了其行为背离程序内外承诺的构成要件；最后因未能履行和解协议，致使原告又申请执行一审判决给原告带来诉累，符合损害信赖者的构成要件。从这样的内容看，适用禁反言原则无可厚非。但这样的裁判理由在我国学界引起了非议。[2] 非议的内容主要集中在诚实信用原则适用得不恰当上，即案件中和解协议没有被完全地履行，从合同法的角度亦可以要求被告承担继续履行、损害赔偿等违约责任，在有实体法可以适用的情况下运用诚实信用原则进行评价的行为显得多余。[3] 案例中被告并非恶意地不履行和解协议，而是不完全地履行且并不意味着将来不会完全履行，这种履行迟延的状态虽可能导

---

〔1〕 参见吴梅诉四川省眉山西城纸业有限公司买卖合同纠纷案，最高人民法院指导案例2号(2011年)。

〔2〕 参见肖建华、廖浩：《既判力基准时后的“和解”——以吴梅案“和解协议”与执行和解为例》，载《国家检察官学院学报》2014年第6期。

〔3〕 参见严仁群：《二审和解后的法理逻辑：评第一批指导案例之“吴梅案”》，载《中国法学》2012年第4期。

致约定解除权的产生,但应当考虑主动履行协议的可贵,鼓励对迟延的弥补,不可径行否定和解协议的效力执行一审判决。[1] 可见,并非所有前后存在矛盾的行为在适用诚实信用原则上都存在自洽。诚实信用原则项下的禁反言原则的适用,除需要满足前述提出的三个要件外,还需要满足法律原则适用时的条件,同时亦应当针对的是恶意的前后矛盾行为。

因此,完善禁反言原则的具体适用,立法上还需进一步规定一些前提条件。如前文所述,我国诉讼参与人制度规定上存在缺失,导致了可能存在当事人突袭的现象。我国立法虽然规定了法院通知必要共同诉讼人参加诉讼的义务,但当事人亦可申请法院追加。立法上留有这样的余地,使当事人的突袭成为恶意诉讼行为者阻碍纠纷解决的可能。若立法中增加当事人有请求法院释明追加当事人的权利,在法院进行释明后对方当事人没有及时申请追加,而是在诉讼进行到一定程度时,为了攻击或防御手段申请追加,此时则能适用禁反言原则,使其承担失权的民事诉讼法律责任。同样的内容还存在我国有关证据列举的规定当中,对于前文第三章中提及的当事人利用证据突袭的手段,造成阻碍纠纷解决的行为,若立法中增加当事人有权请求法院释明对方当事人及时举证的权利,法院在释明后对方当事人表示不存在未列举的证据,那么在举证期限之后依照禁反言原则,其将承担丧失举证权利的民事诉讼法律责任。

## 三、增加当事人诉讼促进的义务

诚实信用原则适用于当事人与法院之间的关系中的一项重要内容即是对诉讼的促进义务。该义务在两大法系的程序法中均有体现,与

---

〔1〕 参见贺剑:《诉讼外和解的实体法基础——评最高人民法院指导案例2号》,载《法学》2013年第3期。

前文提及的《日本民事诉讼》相近似，在《韩国民事诉讼法》第1条中亦有关于诚实信用原则对诉讼促进义务的要求：法院应当公正、迅速、经济地进行诉讼的审理，当事人及其他诉讼有关系的人应当在诉讼中遵守诚实信用原则。[1]《法国民事诉讼法》规定了对拖延诉讼方式进行诉讼者，科处100法郎至10,000法郎的民事罚款。[2] 在英美法系的美国《美国联邦民事诉讼规制》中也规定了，对当事人及其诉讼代理人不必要地拖延诉讼或增加无谓诉讼费用的禁止。[3] 对于拖延诉讼方式而为的阻碍纠纷解决型的恶意诉讼行为，其所造成的后果可以归纳为两个方面：一方面，因为纠纷没有得到及时的解决给当事人增加诉累；另一方面，在产生诉累的基础上有的拖延行为会直接导致诉讼费用的增加。前者的实践典型如滥用管辖权异议，后者在司法实践中的典型体现为上诉权的滥用。[4]

法律赋予当事人诉讼权利，当事人在诉讼中的行为即是对其权利的行使。在适用诚实信用原则中关于诉讼促进义务规制阻碍纠纷型的恶意诉讼行为时，必须把握住权利滥用和权利正当行使之间的界限。如前文案例六中，当事人提出的管辖权异议内容实属荒谬，若此种类型的异议理由在被驳回后仍然提起上诉，则需要对其拖延诉讼进程的行为施加非议。因此，建议在立法上完善对管辖权异议提出的要求，限定当事人仅能依照管辖规定的理由提出管辖权异议。而案例五中当事人以管辖权异议裁定具有错误内容为理由引发的再审，实质上是实践操

---

[1] 参见[韩]孙汉琦：《韩国民事诉讼法导论》，陈刚审译，中国法制出版社2010年版，第40页。

[2] 参见《法国民法典法国民事诉讼法典》，罗结珍译，国际文化出版公司1997年版，第476页。

[3] 参见《美国联邦民事诉讼规则、证据规则》，白绿铉、卞建林译，中国法制出版社2000年版，第26页。

[4] 参见杨秀清：《民事诉讼中诚实信用原则的空洞化及其克服》，载《法学评论》2013年第3期。

作中对立法理解的问题，针对这样的内容应当依照立法中体现的精神，突出管辖错位为内容的再审申请理由被删除的实质影响。在依照《民事诉讼法》第 207 条第 6 项的规定审查再审理由时，不审查仅针对管辖权异议的内容，对只有此种理由的再审申请应当直接驳回。对滥用上诉权进行审查时，应当着重审查上诉的理由，排除明显不成立的上诉。若当事人按照法律规定的管辖内容提出管辖权异议，或上诉理由有可能成立的情形，法院应当尊重当事人对诉讼权利的行使，即使其中可能出现拖延的嫌疑，亦只能认为其行为有违道德，但不应遭受法律的否定性评价。

## 第三节　第三人救济程序的完善

### 一、增加第三人参与诉讼的情形

关于有独立请求权第三人在诉讼中的地位和功能，在诸多立法例中均有所体现。在大陆法系国家，有独立请求权第三人被称为主参加人。《法国民事诉讼法》的第 329 条中叙明了主参加诉讼的内容，即主参加人指的是诉讼参加人为了本人利益提出诉讼请求的情形，只有在参加人对于前述请求享有进行诉讼的权利时法院才会受理。[1]《日本民事诉讼法》作出了类似的规定。根据该法第 47 条的规定，主张由于诉讼结果而使其权利受到损害的，或主张诉讼标的的部分或全部属于自己权利的第三人，可以作为当事人参加诉讼。在这个诉讼中的对方当事人可以是前诉讼的一方或双方当事人。[2] 相较而言，我国关于有

---

〔1〕 参见《法国新民事诉讼法法典》，罗结珍译，法律出版社 2008 年版，第 359～360 页。

〔2〕 参见《日本新民事诉讼法》，白绿铉编译，中国法制出版社 2000 年版，第 46 页。

独立请求权的第三人参加诉讼的规定存在需要完善的地方。根据《民事诉讼法》第59条第1款以及《民事诉讼法司法解释》第81条的内容，对诉讼标的有独立请求权的第三人可以自行起诉参加他人诉讼，这种通过起诉参加的方式除一审程序外，二审程序亦可以参加。我国的规定中并没有表明诉讼结果可能对自身权益造成侵害时可以提起参加诉讼的情形。

在诸立法例描述有独立请求权第三人时，均提及的内容包括诉讼标的和请求权。这两个概念均在不同程度上具有程序法和实体法交叉的属性。在只有给付之诉一种诉讼形态的早期，诉讼标的与民法请求权一直处于混同的状态。随着时代发展，社会关系呈现诸多变换，不断产生的新型社会关系造成纠纷的形式多样。在消极确定之诉被承认以后，在这样的诉讼形式中，被请求法院确认的是实体权利的不存在，若此时再将请求权与诉讼标的混同，将在诉讼最终的结果中得出实体权利不存在同样诉讼标的不存在的观点，而有诉讼则必然存在诉讼标的，显然这样的结论自相矛盾。鉴于此，德国学者赫尔维希提出了诉讼上的请求权概念，即诉讼上的请求权依旧表述出实体权利的内容，但其并非实际存在的实体上的请求权，乃是存在于诉讼当事人主观上的请求权。[1] 可见，诉讼上的请求权较实体法中请求权具有较大差别。实体法中的请求权是依照民事权利的作用，区别于形成权、支配权、抗辩权而存在的。[2] 第三人在实体法上的民事权利是第三人得以参加他人正在进行诉讼程序中的依据，实体上权利的存在是请求法院对其进行保护的前提。因此，第三人在诉讼上请求保护并实现的民事权利不仅包括请求权，还包括形成权、支配权、抗辩权等民事权利的实现，可以说

---

〔1〕 参见段厚省：《民事诉讼标的与民法请求权之关系研究》，载《上海交通大学学报（哲学社会科学版）》2006年第4期。

〔2〕 参见张晓霞：《民法中请求权概念之辨析》，载《法学家》2002年第2期。

诉讼法上的请求权较实体法上请求权而言,其范围要更加广泛。[1]

可见,在有独立请求权的第三人参加的诉讼中,对诉讼标的有独立请求权的理解,不应当局限于实体法中的请求权,亦包含对实现其他民事权利的请求。若该项请求产生的基础是实体法中的形成权,那么该第三人在诉讼中期待法院实现对民事实体法律关系的作用表现为:(1)变更或消灭本人相对于诉讼两造当事人之间的法律关系;(2)变更或消灭诉讼两造当事人之间的法律关系。基于这样的理解,对于起诉时具有恶意诉讼行为的双方当事人而言,有独立请求权的第三人参加诉讼的目的即发挥上述两种针对民事实体法律关系的作用,从而防止其受到恶意串通的双方当事人的伤害,从而杜绝创造纠纷型恶意诉讼行为通过诉讼结果被动引发纠纷的可能。这一诉讼的目的体现出来的另一种表达方式,即日本《民事诉讼法》中有关主参加之诉发生的另一种情形:诉讼结果使自身权益有侵害可能时,第三人可以被本诉系属。因此,就我国有独立请求权的第三人参加诉讼而言,在应对恶意诉讼行为时,增加上述主参加诉讼的情形,以此追求诈害防止的可能。

回归对前述案例的分析,将前文案例一中的法律关系化约为图 5-1 中的形式。

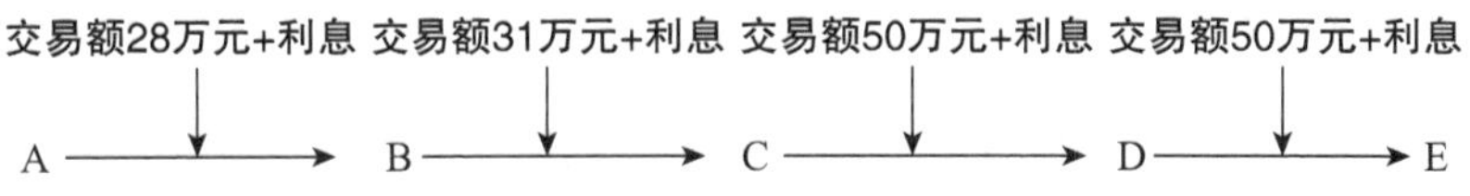


**图 5-1 案例逻辑**

根据图 5-1 所示,实施恶意诉讼行为的双方当事人是 A、B,通过诉讼获得调解书引发的结果是 B 向 A 返还购房款 28 万元及 7 万元利息。鉴于此,A 不再需要向 B 办理房产过户手续,B 将购房款和利息交予 A 则完成诉讼程序确定的义务。那么此时 B 便不再享有向 A 要求

[1] 参见肖建华:《主参加诉讼的诈害防止功能》,载《法学杂志》2000 年第 5 期。

过户房产的权利，也无法向C过户，C在无法获得房屋产权的情况下，D、E也无法对前手提出相同请求。但此时C、D、E取得了对前手的不当得利返还请求，同时，亦可以主张前手违约而要求给付违约金。依照合同的相对性，C向B要求返还31万元及利息同时主张违约金后，B要向C返还的价金是31万元本金及利息，另加违约金。假设后续合同中违约金在合同法规定范围内，均按照合同价款的一定比例约定。那么，B向C、C向D、D向E返还的价金会因合同的价款不断增加而增加。此时，当A、B之间交易断裂后，对后续产生的因合同价金的增加而增加的利息和违约金就成了新的纠纷。然而，根据合同的相对性，图5－1中的后手只能向其前手提出主张，而不能再向前继续追溯。因此，每个交易中产生的利息和违约金及其递增额度，都无法在A与B宣布合同无效的诉讼中被审理。对于这些主张在审判上的缺失，使A、B间的程序结果对后手各方交易主体形成了突袭。这样表现出来的新的纠纷内容，是无法在A、B间的程序中解决的。可见，恶意串通型的恶意诉讼行为其后果是创造一个新的纠纷。

在案件一中，后手交易人因前手的诉讼而导致的新的纠纷内容，是既判力对其产生的影响。实体法中，第三人的法律地位取决于前诉当事人的法律地位，这种依赖关系也可能产生既判力的延伸。当然这种延伸的前提是，前诉的诉讼标的和后诉的诉讼标的在客观上是同一的，前诉的恶意诉讼行为对侵害的第三人是与案件结果有法律上利害关系的第三人。通过对图5－1的分析可以看出，在A与B的交易中，因为A没有履行后合同义务带来的是后续交易均无法实现财产的交付。作为交易最后承受者的E，因其购买房产的行为，成为该房产的实际权利人，因为A没有完成移转登记行为，在请求办理房产过户的关系中，E成为当然的请求权主体，而房产交易的内容包括移转所有权的后合同义务，因此E也成为A、B间撤销房产交易合同诉讼中的“诉讼标的的权利主体”。对于A、B间诉讼程序既判力扩张至E的情形，学理上对E的定位是“口头辩论终结后的诉讼继承人”[1]。诉讼程序的既判力扩张至这种“口头辩论终结后的诉讼继承人”的目的在于维持纠纷解决的实效性。而这种实效被不当利用，产生的后果是E无法获得房产，而其前手B也因此损失了交易中利息的增加以及违约金的赔偿。在此处选择让A与B之间的诉讼发生效力，产生的是后手不断的追溯的后果。该纠纷中，E选择提出第三人撤销之诉，将A、B间诉讼撤销的方法维护了E自己及其前手的交易安全。此种做法虽然符合我国现有立法，但在诉讼结果形成，对自身权利的损害发生之后再行保护的做法承受的诉累却大于其提出主参加诉讼。就提起第三人撤销诉讼而言，E必须以原告的身份进行起诉，作为一项新的诉讼程序，与前诉的发生之间存在一段时间间隔，其举证的负担远比参加诉讼大得多。因为我国立法中没有规定发现恶意诉讼行为时可以提起主参加诉讼的内容，由于A、B之间诉讼的标的是合同法律关系，其争议的焦点是他们之间的合同是否有效。基于合同的相对性，E并没有出现在A、B间的合同当中，对此诉讼的标的不享有请求权，不能参加这个诉讼，只能提出第三人撤销之诉来维护自身权益。若我国立法承认诈害防止为目的提出的主参加诉讼，E能参加到之前的程序中，对A、B间合同法律关系可以提出自己的请求并得到实现，不仅在权利仅存在受侵害可能时就制止了侵害的发生，同时减轻了对A、B间合同关系的举证方面的负担。由此，为了实现权利救济的即时性，同时减轻有独立请求权第三人的诉累，立法上增加发现恶意诉讼行为时可以提起主参加诉讼作为诉讼参加条件显得尤为必要。

---

[1] [日]高桥宏志等:《民事诉讼法——制度与理论的深层分析》，林剑锋译，法律出版社2003年版，第559页。

## 二、第三人撤销诉讼与另诉的适用

对于恶意诉讼行为引发新纠纷的内容，立法例中存在另诉的情形主要在《民事诉讼法司法解释》第313条规定。被执行人与案外人实施《民事诉讼法》第116条内容时申请人可以提起损害赔偿诉讼。在此类案件中，依照《民事诉讼法司法解释》第306条的规定，案外人提出的执行异议之诉中，申请执行人为被告。从程序上看，申请执行人对该诉讼应当完全地参与，不需要对其进行程序保障的维护，比照本书前述案例七关于保全错误引起损害赔偿的内容，可以理解为一方当事人以侵害为目的而为的恶意诉讼行为。从侵权角度分析，当然地引发了前述提及的侵权责任，因此获得另诉的利益。但基于此处的申请执行人为执行异议之诉的被告，当然地排除了其提起第三人撤销诉讼的权利。

从另一个角度分析，在《民事诉讼法》第115条规定的情形中，前诉同样系由恶意诉讼行为引发的，案外人在此提起了第三人撤销诉讼维护自身权益，但这类案件是否可以另诉，则需要从重复起诉判断与第三人撤销诉讼的性质这两个角度进行分析。按照《民事诉讼法司法解释》第247条的规定，认定重复起诉需要满足前后两诉当事人相同、诉讼标的相同、诉讼请求相同或实质相反的要求。一方面，符合提起第三人撤销诉讼条件的第三人，在后诉中第三人系针对前诉双方当事人的原告，从当事人的角度看与前诉完全不同，从而诉讼标的也不相同；另一方面，前诉与后诉在案件事实方面的重复，仅会发生《民事诉讼法司法解释》第93条的效果，后诉将受到前诉事实认定产生预决效果的影响。因此，原则上满足非因归责于己原因未能参与前诉的第三人均可提起另诉。[1]

---

〔1〕 参见任重：《回归法的立场：第三人撤销之诉的体系思考》，载《中外法学》2016年第1期。

从第三人撤销诉讼的性质来看,依据《民事诉讼法司法解释》第 300 条第 1 项的规定,在请求成立的情况下对原裁定书、判决书、调解书中错误部分进行更改,仅发生的是纠正前诉裁判后果的效果,并没有涵盖因恶意诉讼行为产生侵权责任的赔偿。也就是说,从确认民事权利的角度来看,认定第三人在前诉生效判决发生之前民事权利的具体状态,但不对前诉发生后该权利状态发生减损该如何补偿进行评价,可以推知第三人撤销诉讼的性质为形成诉讼。下文将这一推论带入与允许第三人采取另诉的对比中,并通过具体案例进行分析。

从具体案件来看,前述案例一中提起第三人撤销诉讼的第三人,属于"权利型准独立请求权第三人",该案件中前诉恶意串通的双方当事人通过确认其不动产买卖合同无效,从而使出卖人恢复所有权圆满状态,以此侵害后手买受人请求过户的权利。该第三人通过撤销诉讼撤销了前诉的判决。而后又通过一项新的诉讼,起诉出卖人要求其履行房产过户的义务。[1] 可见该案件中,第三人撤销诉讼仅撤销了前诉认定买卖合同无效的判决,认定了原房产买卖合同的效力,对于合同后续过户义务的履行采取了另案处理的方法。倘若该第三人一开始并没有提起撤销诉讼,而是直接以前诉出卖人的合同效力为内容提起诉讼,请求确认前诉中争议合同的效力,从而进一步请求实现过户的权利,从合同的角度看,前诉中的合同并不具有对世性,基于合同的效力仅及于合同双方当事人,作为合同外的第三方当然没有评价合同效力的权利。因此,该第三人仅能就自己参与的合同效力提起诉讼。然而这份合同始终是有效的,遂只能选择起诉其前手违约或要求继续履行合同,但因其前手丧失了继续履行的可能,从而只能选择要求承担违约责任。在忽略案例一可能存在适用第三人撤销诉讼不当的认定,基于房屋实际

---

〔1〕 参见浙江省苍南县人民法院民事判决书,(2014)温苍民初字第 1530 号。

价值同违约责任之间差距较大的情形,此时另行起诉在维护权利的功能上同第三人撤销诉讼相比,后者呈现的优势更大。对于此处适用第三人撤销诉讼不当的判断,可以通过扩张解释第三人撤销诉讼提起的实体条件来解决。

再就另一种类型的案例进行分析,前述案例二、案例三中提起撤销诉讼的第三人属于"辅助参加型第三人"。该类案件中,因恶意诉讼行为未能参与前诉的"辅助参加型第三人",所以"特别损害"发生在执行过程中。应用第三人撤销诉讼只是将前诉被告的财产状况恢复到前诉生效判决发生前的状态,并没有对第三人的实体权益造成实质性影响。根据案例二中的情形,第三人为受侵害的投资人,撤销诉讼仅能将项目款回归于被告,但被告不履行合同义务给投资人带来损失的情况,尚需要投资人另案处理。案例三中,第三人为受侵害的股东,第三人撤销诉讼仅能恢复公司财产,法人代表对于股东权益的损害,亦需要另案解决。倘若此两个案例中的第三人均另行起诉,那么另诉的理由须是确认前诉中原告权利不存在,从而使被告权利恢复前诉发生前的状态。然而依照最高人民法院《关于执行权合理配置和科学运行的若干意见》第 26 条的规定,另诉将因前诉的执行程序被撤销,不能继续进行。相较而言,第三人撤销诉讼中的第三人可以通过程序手段中止前诉的执行,因此,其较另诉在权益维护上显得更加充分。

总结来看,对于发生"创设原程序审查之外的新纠纷"效果的恶意诉讼行为,按照前述的分析,另诉带来的风险较第三人撤销诉讼更大;并且在权益维护上,第三人撤销诉讼较另诉更为充分。关于第三人撤销诉讼的应用问题,总结来看则分为两种情形:针对《民事诉讼法》第 115 条中描述的情形,在需要排除前诉裁判效力时,应用第三人撤销诉讼先予以撤销,而针对第三人自身权益的维护,则以前诉被撤销为前提,第三人另行起诉解决。此外,对《民事诉讼法》第 116 条中描述的情形，即基于申请执行人参与恶意串通提起的执行异议和执行异议之诉，需要以执行异议被认定为恶意串通而驳回，或申请执行人在执行异议之诉中胜诉为条件，申请执行人可依照《民事诉讼法司法解释》第 313 条另诉提起损害赔偿的请求。

## 三、扩张第三人撤销诉讼的适用范围

### （一）扩大适用的可行性分析

在新诉讼法出台之前，立法中并没有强调对恶意诉讼行为规制的重要性。此次立法中增加第三人撤销诉讼，被很多学者认为是一项有效遏制恶意诉讼行为的利器，其存在的立法目的在于打击虚假诉讼或不诚信的诉讼行为。[1] 然而随后出台的《民事诉讼法司法解释》中，并没有对这一专属目的进行强调。《民事诉讼法司法解释》第 290 条中规定的第三人撤销诉讼的三个要件分别是：不能归责于本人事由未参加诉讼、发生效力的裁判存在错误、发生效力的裁判有损民事权益。立法并没有对恶意诉讼行为出现时，规定第三人撤销诉讼适用范围的扩大。

这样的立法目的可能是因为恶意诉讼行为内容复杂，且并没有明确的行为范围，前诉当事人诸多的诉讼行为亦可能或多或少存在恶意诉讼行为，但就其内容进行举证对第三人撤销诉讼的原告存在难度。这样的考虑并非不无道理，虽然《民事诉讼法司法解释》第 144 条规定了法院有主动查明恶意诉讼行为的职权，但因为立法没有强调第三人撤销诉讼对恶意诉讼行为规制的特殊性功能，这样的规定仅仅只能体现法院适用民事诉讼强制措施的主动性。这样在立法上对规则恶意诉讼行为目的的忽略，也导致前文中提及的可能将第三人撤销诉讼与再审功能混同的现象。基于《民事诉讼法司法解释》第 293 条对“不能归

[1] 参见王亚新：《第三人撤销之诉原告适格的再考察》，载《法学研究》2014 年第 6 期。

责于本人事由”的规定中,存在知道诉讼但因客观原因不能参加的情形,因此第三人撤销诉讼所撤销的案件,并不一定就是恶意诉讼行为引发的案件。该款规定的第三人可能因为未能参加诉讼,而无法提供有利于自己的证据材料,没有提出自己的诉讼主张,从而在基于前诉认定的事实作出的裁判有损于自身权益。所以,对于第三人撤销诉讼的起诉条件,不应当为了规制恶意诉讼行为,就要求增加对恶意诉讼行为的证明作为起诉条件。然而,可以在不影响增加因恶意诉讼行为引发前诉情况下,对第三人撤销诉讼适用范围进行扩张规定。

### (二)程序条件的扩大

正是由于立法中没有强调规制恶意诉讼行为的本质要求,导致第三人撤销诉讼在现有立法的框架下进行适用存在困惑。对于无独立请求权第三人而言,在其已受法院通知参加诉讼或被申请前来参加诉讼时,其可以利用第三人撤销诉讼维护自身权益的可能性即被排除。无独立请求权的第三人在满足第三人撤销诉讼要件的基础上进行起诉时,亦存在适用上与其他程序性救济产生矛盾的可能。无独立请求权的第三人权益受到侵害最常见的是在法院判处其承担法律责任之时。若在上诉期间该第三人知晓前诉,可以通过上诉寻求救济。若上诉期间届满,则被排除在运用第三人撤销诉讼的范围之外。此时,只能因其需要承担裁判中的法律责任,被认为具有相当于当事人的身份,从而类推适用《民事诉讼法司法解释》第 82 条的内容,通过申请再审维护自身权益。[1] 抛开对法条这样的类推解释是否适当的问题,单就第三人撤销诉讼来看,若立法规定在面对恶意诉讼行为时可以适当扩张,赋予没有参与因恶意诉讼行为引发前诉的诉讼程序,仅在被判决承担法律责

---

〔1〕 参见任重:《回归法的立场:第三人撤销之诉的体系思考》,载《中外法学》2016 年第 1 期。

任时才知晓前诉的无独立请求权的第三人,享有上诉或提起第三人撤销诉讼的选择权。这样的扩张不仅大大增加该程序的可适用性,同样对无独立请求权的第三人更为公平。按照《民事诉讼法》第 171 条的规定,对判决的上诉期限是 15 日,对裁定的上诉期限为 10 日。而按照第 59 条的规定,提起第三人撤销诉讼的期限是知道或应当知道之日起 6 个月。从诉讼时间的准备来看,第三人撤销诉讼显得更为充分,同时,较上诉而言更加维护了第三人的审级利益。

对于有独立请求权的第三人而言,其申请参加正在进行的诉讼,是出于对自身权益的维护。但立法的设定是其主动参加诉讼,这样就存在有独立请求权的第三人对诉讼的参与拥有选择的权利。那么,对于有独立请求权的第三人提起撤销诉讼而言,其要件要求是因不可归责于本人的原因未能参加诉讼。若有独立请求权的第三人申请参加前诉,则其当然地不可以提起第三人撤销诉讼。对于有独立请求权的第三人而言,其参加诉讼过程中虽然名义上立法将其称为第三人,但立法的预设是这样的第三人具有的诉讼地位相当于本诉的当事人,这样独立的诉讼地位则表明其具有充分地适用处分原则和辩论原则的权利。因此,立法上不可强制有独立请求权的第三人参加诉讼成为独立于原告的被告而存在的当事人。那么,这样的预设会导致知晓前诉而不参加的有独立请求权的第三人,会因其知而不作为,导致不满足不可归责于本人事由未参加前诉的第三人撤销诉讼的起诉要件。因此,现有关于第三人撤销诉讼起诉要件的规定,与有独立请求权的第三人适用处分原则和辩论原则存在矛盾。这一矛盾的出现,很大一部分原因在于,第三人撤销诉讼的要件没有强调对恶意诉讼行为的规制而产生特殊扩张的规定。除诉讼权利行使的障碍外,还存在有独立请求权的第三人申请参加前诉未被获准的情形。对于恶意诉讼行为引发的前诉,有独立请求权的第三人在知晓权益受损到申请参加诉讼的时间有限,有些损害事实并非在前诉起诉时就会出现,因此,在准备不充分的情况下,很可能申请参加诉讼的请求被驳回。若立法规定有独立请求权的第三人在有证据证明其未参加,或申请参加但被驳回请求的前诉中,存在双方当事人恶意串通而为的恶意诉讼行为,则可以对生效的前诉提起第三人撤销诉讼,则这样既尊重了有独立请求权的第三人对自己诉讼权利的处分权,又保障了其通过第三人撤销诉讼维护自身权益的可能,同时强调了第三人撤销诉讼规制恶意诉讼行为的本质目的。

### (三)实体条件的扩大

依照前文的描述,将生效判决引发民事法律关系变动的效果,依照是否依赖执行程序来实现区分两种情况予以讨论。

对于直接引发民事法律关系变动的前诉,前文已经描述了第三人享有对不动产请求登记的情形此处不再赘述,仅另行分析第三人享有对动产请求交付的情形。将前述案例一中的不动产转换为动产,出卖人因占有改定而重新占有该动产时,与买受人的前手买受人恶意串通,形成买卖合同无效或被撤销的事实,通过诉讼将所有权回归于出卖人。此时,该动产从始至终并没有被交付后手的买受人,后手的买受人仅享有与前手买受人的合同利益,依旧如前文所述,仅能对其前手另诉要求承担违约责任。那么参照案例一中法院适用第三人撤销诉讼维护交易安全的理由,标的物的市场价值,在上述通过恶意诉讼行为发生所有权变化的过程中呈现提升的状态,并且价值的提升远超过违约责任的范围。那么,此时应确认该第三人享有提起撤销诉讼,撤销前诉判决效力的权利。但此时仅根据标的物价值的提升,来判断是否享有一项诉讼权利并非科学的做法。因此,适当的做法是将标的物价值的判断权利归于当事人。总体来说,对直接引发民事法律关系变动的恶意诉讼,提起第三人撤销诉讼的实体条件可以扩张为第三人有证据证明前诉系恶意诉讼行为引发的情况下，第三人对前诉标的物享有请求给付或请求登记的民事权益，前诉的判决结果侵害该民事权益，第三人可选择提起第三人撤销诉讼或另行起诉。

对于需要通过执行程序来实现给付内容，从而侵害第三人权益的前诉判决，因判决生效与执行间存在一定的时间差，在此期间内，第三人的民事权益虽未发生实质侵害，但存在被侵害的可能。基于前诉系因恶意诉讼行为引起，因此侵害未发生的期间，可能是因为恶意串通的前诉当事人正在等待执行法院对申请执行的审查，亦可能是在申请执行之前需要准备可供执行的财产。因为危害的发生存在必然性，遂可以将提起第三人撤销诉讼的实体条件，在有证据证明前诉系恶意诉讼行为引发的情况下，从第三人民事权益受到侵害，扩张为具有受到侵害的可能。虽然第三人撤销诉讼并非必然停止前诉的执行，但在前诉当事人提出执行申请时，第三人可以提供担保中止执行。若在前诉申请执行前，第三人撤销诉讼已经被法院审理结束，更体现出这样扩张解释实体条件带来的损害预防功能。

## 四、第三人撤销诉讼与再审的协调适用

可以发起再审的主体，应当是受到确定判决效力拘束且具有撤销判决利益的人，其中包括确定判决的当事人，以及判决效力及于的第三人。[1] 下文在讨论规制恶意诉讼行为的第三人救济程序之语境下，仅就判决效力及于的第三人展开论述。

概括来说，既判力让原本存在前诉双方当事人之间的“一事不再理”状态扩张成对世性的效力。然而在“一物二卖”的纠纷中可能存在这样的情形，即原被告双方就物权归属的纠纷展开诉讼，诉讼过程中因

---

〔1〕 参见［日］新堂幸司：《新民事诉讼法》，林剑锋译，法律出版社2008年版，第669页。

标的物发生转移而出现的买受人，在出卖人败诉的诉讼中，胜诉方可因《民法典》第229条的内容获得物权，并且可以依照该条的内容，享有请求完成动产交付或不动产登记的权利。而标的物已于诉讼过程中转让给买受人，出卖人早已丧失了标的物的所有权。此时出现买受人基于《民法典》第209条和第224条内容享有物权，同诉讼程序中胜诉方因胜诉获得物权的对抗的情形。此时按照“当事人恒定”原则，保护的是对方当事人的程序利益，判决效力发生扩张至买受人，但其因直接继受了当事人的诉讼权利，类推为原诉当事人，不满足第三人撤销诉讼的程序资格而当然的不可撤销前诉。值得注意的是，这里对买受人权益的侵害仅出现于案件执行的过程中。若出卖人与对方当事人仅持有法律文书，而不申请执行，则并不动摇善意买受人的所有权。而在执行过程中，案外人亦可通过提出执行异议、案外人再审的方式维护自身权益。但有学者指出，从程序保障的角度，此处的买受人在符合不可归责于己的原因，未能参加诉讼的情况下，可以赋予其提起第三人撤销诉讼的权利。[1]

仔细分析前述案例可知，该案中的被告在原告起诉时是享有物权的状态，在认定前诉为恶意诉讼的情况下，被告转让物权的行为应当发生在口头辩论终结后，并在法院作出裁判之前。买受人在此阶段以善意第三人的身份取得物权。由此产生的生效判决才能使胜诉的原告，可以依照《民法典》第229条的内容，请求完成动产交付或不动产登记。此时这样的请求只能向真正的物权人提出，所以胜诉的原告只能通过申请执行向买受人主张此权利。即侵害的发生只能在执行的过程中，此时按照《审判监督程序若干问题的解释》第5条的规定，案外人对执行的物主张权利，可在前诉裁判生效后2年内，或者在知道或应当知道

〔1〕 参见王福华：《第三人撤销之诉的制度逻辑》，载《环球法律评论》2014年第4期。

之日起3个月内申请再审,同时将此处提起再审的条件限定为,无法提起新的诉讼解决争议。因此,此处的买受人通过再审维护自身权益完全符合立法的追求。而第三人撤销诉讼正是一项新的诉讼,但鉴于该司法解释出台时尚且没有第三人撤销诉讼的规定,仅因为《审判监督程序若干问题的解释》中的这个限定,就否定此处买受人可提起撤销诉讼的理解并不充分,因此需要并结合新的司法解释来判断,按照《民事诉讼法司法解释》第303条的规定,案外人对执行异议裁定不服,得申请再审,进而排除第三人撤销诉讼的适用。此时又可提出这样的疑问,买受人若不提起执行异议,直接提起撤销诉讼,或先提起第三人撤销诉讼后提出执行中止是否可行?依照《民事诉讼法》第213条的规定,进入再审的案件除法律规定的例外情形,将发生中止执行的效果。而第三人撤销诉讼中的执行异议并不一定引发执行的中止,若被驳回只能提供相应担保中止执行。相较而言,在这种情况下,再审较第三人撤销诉讼而言,更好地保障了买受人的利益。因此,无论从保障的功能,还是从法条的体系解释来看,此种扩张第三人撤销诉讼的做法并不恰当。同时需要指出的是,将《审判监督程序若干问题的解释》第5条的规定带入前文有关第三人撤销诉讼主体条件的扩张中,可以使本书提出的该种观点得到自洽性证明。对于案例一中第三人受到恶意诉讼行为侵害的情形,如前文所述该第三人可以利用另行起诉的方式维护自身权益,而不必满足《审判监督程序若干问题的解释》第5条提起再审的条件。而仅利用另诉的方式维权,因为标的物的价值变化容易引发对诉讼结果是否公平的质疑,因此,按照前文内容进行的扩张解释的第三人撤销诉讼,可以很好地在解决这一质疑的同时满足法律条文的体系解释。

此外,根据最高人民法院《关于防范和制裁虚假诉讼的指导意见》第10条的规定,需要防范第三人撤销诉讼这一诉讼程序被有关人员利用、制造虚假诉讼的情形。因此,在本书提出扩大适用的基础上,对于第三人撤销诉讼的适用范围,原则上不宜再过多地进行扩大解释。而针对其与再审的关系,则需要结合执行相关的不同情形,对其适用位阶加以说明。

对于在规制恶意诉讼行为时,第三人撤销诉讼与再审之间的关系,以及如何协调适用的问题,尚且需要以执行为时间节点进行判断。因此,可以分为执行前、执行中和执行后三个阶段分别进行讨论。

执行前这个时间节点中,基于生效判决是否需要通过执行来实现侵害,区分两种情况分别讨论。在判决一经生效就侵害第三人权益的案件中,如前文所述的通过撤销合同,恢复所有权圆满状态的案件中,第三人可以通过另诉的方式维护自身权益,因此排除了再审的适用。除去此种情形外,司法实践中尚存在离婚析产案件的判决结果侵害第三人物权的情形。此时,第三人对析产案件中所涉的财产享有独立的请求权,属于有独立请求权第三人的情形,其享有提起第三人撤销诉讼的同时,亦可以维护自身所有权为理由另行起诉来维护自身权益。而通过另诉维护自身权益,属于《审判监督程序若干问题的解释》第 5 条排除再审的条件。因此,在体系解释的基础上,对于该种情形,第三人应认定为可通过第三人撤销诉讼或另诉的方式维护自身权益,从而排除再审的适用的主体。在此,还需要补充声明的情形是继承类析产案件中,隐瞒继承人存在提起析产诉讼如何处理的问题。按照《民事诉讼法司法解释》第 70 条的规定,在继承遗产的诉讼中,没有参加诉讼且未明确表示放弃实体权利的,为共同原告。此处被隐瞒的继承人虽在诉讼之外,但不应当被认定为第三人,应当以遗漏的共同原告来对待。因此,此类案件虽然可因恶意诉讼行为引发,但因为被隐瞒的继承人实为共同原告,所以既不满足第三人撤销诉讼的条件,亦不可另行提起诉讼,而只能以遗漏的必要共同诉讼人身份提出再审申请。

按照前文对第三人撤销诉讼实体条件的扩张解释,在前诉可能侵害第三人民事权益时,可以允许提起第三人撤销诉讼,即是在执行前提起第三人撤销诉讼。此时,侵害发生在执行阶段,第三人撤销诉讼会与执行中的再审竞合,但对于此时发生竞合该如何适用的问题,司法解释给出了明确的答案。按照《民事诉讼法司法解释》第303条的规定,在提出第三人撤销诉讼后为中止执行而申请执行异议,当执行异议被驳回后禁止当事人提出再审申请,此时第三人亦可以在执行的过程中按照《民事诉讼法》第234条的规定,按照案外人申请再审的方式维护自身权益,同时排除了第三人撤销诉讼的适用。不过值得注意的是,此时禁止的是第三人在申请撤销诉讼后自行申请再审,但并不禁止法院在此时裁定再审。不过按照《民事诉讼法司法解释》第301条的规定,当有证据证明前诉系由恶意诉讼行为引发的诉讼时,法院可以排除再审的转换,直接审理第三人撤销诉讼。由此可知,立法在应对恶意诉讼行为时,采取了特殊法优于一般法的位阶判决,此时发生竞合时优先适用第三人撤销诉讼。而于此需中止执行,即需要第三人提供担保的做法可比照普通程序中申请财产保全来理解,鉴于立法中并没有对此处提供担保错误的情形加以规定,遂建议可以比照《民事诉讼法》第108条的规定,对申请中止执行错误的行为,可以要求申请人承担赔偿责任。

对于执行结束后申请再审与提起第三人撤销诉讼而言,从《民事诉讼法》第59条与第234条的规定来看,具有很强的同质性。按照特别法优于一般法的原则,从适用位阶上看,第三人撤销诉讼应当被优先适用,但并不能排除当事人选择适用的权利。因此,需要关注的是当事人若先申请再审,在再审申请被法院裁定驳回之后,可否再运用第三人撤销诉讼维护自身权益的问题。从避免重复诉讼的角度来看,此处提出再审与提起第三人撤销诉讼目的均是对前诉裁判效力的撤销,因此避免司法资源被浪费,同时避免当事人的权益被循环争讼,原则上应当排除再审申请被驳回后提起第三人撤销诉讼的适用。

# 第六章 实体法规制的完善

## 第一节 侵权责任的规制

### 一、明确侵权责任的适用范围

在兼备限定与非限定性模式的我国《民法典》侵权编中，对侵权行为规制的基本逻辑是“侵害权益—造成损害—承担责任”。[1] 以侵权行为定性恶意诉讼行为进行规制时，必然需要经历“侵害权益—造成损害—承担责任”这一基本逻辑模式的套用，只有在满足一般侵权行为构成要件时的恶意诉讼行为才可以被定性为侵权行为，而后再被带入此逻辑模式进行司法评价。因恶意诉讼行为是通过对司法程序的不当适用来寻求不法目的的行为，单方面地从其可能直接引发民事权益受侵害的角度看，在当事人实施侵害的过程符合侵权构成要件时，司法中的纠纷解决机制会以侵害实施手段行为的身份出现在侵害的过程当中，即上述模式中的“侵害权益”；行为实施后，当事人的民事权益因不当地被引入司法程序而带来实际上的减损或产生减损的可能性，其某些权

[1] 参见温世扬：《略论侵权法保护的民事法益》，载《河南省政法管理干部学院学报》2011 年第 1 期。

利也因程序的阻碍从完全的行使状态变为不完全;无故地参与程序也带来了日常生活中时间成本的增加,即上述模式中的“造成损害”;就由此引发民事权益的减损,受侵害方可以通过《民法典》侵权编第1165条的规定寻求救济,由此引发对该项不法行为的司法评价,即上述模式中的“承担责任”。以法条中有关违法性条款的规定为基础,结合前述程序法规制中需要完善的内容,将应当适用侵权责任的范围限定在《民事诉讼法》第115条、第116条规定的情形,以及一方当事人以侵害为目的提起诉讼的情形;对于诉讼中非诚信行为带来的侵害,在立法中可查找到的赔偿、补偿适用情形包括错误保全、先予执行申请错误、逾期举证给对方当事人增加诉累、再审改判时再审申请人因过错未能在原审中举证引发他人诉累的情形。除此之外,建议增加第三人撤销诉讼中提供担保中止执行错误的情形。而对于其他表现在诉讼中非诚信的恶意诉讼行为,因其不能满足违法性要件的要求,应当被排除在侵权责任的规制范围外,但并不排除因此引发的民事诉讼法律责任。

## 二、侵权责任规制适用的完善

依照前文内容,恶意诉讼行为具有“失范”属性的本质在于其合法外观下的不法追求。依照其理性“偏离”部分对诉讼程序的作用,将其造成的结果要件分为“创设原程序审查之外的新纠纷”和“阻碍具有实质纠纷的诉讼程序进程”两种。对于“阻碍具有实质纠纷的诉讼程序进程”的结果而言,其实施的环境是在有真实纠纷存在的诉讼程序中,当事人不当地行使诉讼权利进行攻击或防御的手段,导致纠纷解决欠缺了即时性。对于这样的恶意诉讼行为而言,不适宜再另行追究侵害者侵权责任,应当通过立法对诉讼程序的完善,在原有程序中追究其民事诉讼法律责任,对因此增加的对方当事人的诉讼费用,法院可以依照受侵害者的主张让恶意行为实施者承担因此产生的额外诉讼费用。然而就“创设原程序审查之外的新纠纷”的结果而言，鉴于其实施的违法行为实质在原诉中不能完全体现，原有的程序结果可能引发对原本稳定的权利义务关系平衡的打破，因此，应当赋予受侵害者就其被侵害的权利另行提起侵权为内容的诉讼的权利，以此来追究不法行为者的侵权责任。对于此处提出的依照恶意诉讼行为产生的直接后果来区分是否承担侵权责任的观点，当通过对侵权责任〔1〕的构成要件进行详细的分析。

### （一）行为违法性的认定

违法性作为侵权法调整范围的“调节器”，在固定保障一定权益的同时，亦为个人行为自由空间设定了限度。〔2〕虽然现有成文立法关于侵权行为的描述中，并没有详细表述违法性的字眼，但从最高人民法院发布的《关于审理名誉权案件若干问题的解答》（现已废止）中可以寻其踪迹。在该文件第 7 项中，明确表述了行为人的行为具有违法性的认定。由此可知，要追究恶意诉讼行为者的侵权责任，首先需要探究的是该行为的违法性。对于违法性条款的规定，无论是根据之前《侵权责任法》第 5 条的内容，抑或《民法典》侵权编第 1164 条的内容，都是开放

---

〔1〕基于对上述观点的支持，需要明确区分“侵权行为的构成要件”与“侵权责任的构成要件”二者的区别，在此两组针对一般人实施侵权行为承担侵权责任的条件称谓中，蕴含着对承担侵权责任的不同理解。若选用侵权行为的构成要件作为承担侵权责任的条件称谓，实质上是混淆侵害行为与侵权行为的界限。在阻碍纠纷解决直接后果的恶意诉讼行为中，其实施的环境是具有实质纠纷存在的程序环境，当事人实施了恶意诉讼行为实质上是一种不可混淆于侵权行为的致害行为。由此区分的实际原因是，该致害行为外观上完全符合法律的明文规定，只是当事人实施行为的结果追求，与法律明文赋予权利的行使结果相背离。因此，不可以将权利行使过当的行为简单地等同于侵权行为。对于此种恶意诉讼行为，当事人当承担的是民事诉讼法律责任，而非侵权责任。参见张民安：《“侵权行为的构成要件”抑或“侵权责任的构成要件”之辨——行为人对他人承担侵权责任条件的称谓》，载《政治与法律》2012 年第 12 期。

〔2〕参见廖焕国：《侵权构成要件的不法性功能论》，载《现代法学》2010 年第 1 期。

性的立法条款,这也表明立法者并不会将违法性判断的依据仅限于民事法律的规范领域。相较《侵权责任法》而言,《民法典》侵权编中用民事权益受到侵害的概括式表达更加贴近将恶意诉讼行为纳入侵权行为的认定范畴,进而更好地为受害者创造了寻求民事赔偿的空间。

案例八:沪鑫建筑材料厂申请诉讼保全错误损害赔偿纠纷案。[1]

该案件的起因是沪鑫建材厂对胡某忠提起诉讼,要求胡某忠归还所借煤渣的相关款项。在案件审理的过程中,建材厂申请冻结了胡某忠在原金坛市人民法院执行局的 20 万元执行款。经过一系列的诉讼,最终建材厂败诉,之后胡某忠向法院起诉,要求建材厂赔偿因错误保全造成的损失。后诉经过两级法院审理,最终确定了建材厂需承担错误保全带来的侵权责任。法院裁判的依据是《民事诉讼法》第 108 条规定的保全申请错误产生的赔偿责任。法条虽未明确叙明该责任为侵权责任,但被申请保全人的损害系由申请人申请保全的诉讼行为所造成的,与一般侵权行为并无大致区别,不同之处在于侵害者实施的是具有合法外观的诉讼行为,但实质上应当是一种新类型的侵权行为。[2] 由此可知,《民事诉讼法》第 108 条的内容,系针对错误保全产生侵权责任的违法性规定条款。此外,《民事诉讼法》第 110 条类似于第 108 条,系针对申请先予执行需承担赔偿责任的条款;对于恶意串通型的恶意诉讼行为,《民事诉讼法》第 115 条、第 116 条则当然地成为认定行为违法的条款,遂针对该类型的恶意诉讼行为追究侵权责任;而一方当事人虚构事实以侵害为目的起诉的恶意诉讼行为,其违法性认定则可从《刑法修正案(九)》中寻求正当性。该文件第 35 条,规定了对《刑法》第 307 条的补充,增加了对捏造事实提起民事诉讼妨碍司法秩序者追究刑事责

---

[1] 参见江苏省常州市中级人民法院民事判决书,(2013)常民终字第 0714 号。

[2] 参见潘牧天:《滥用民事诉权的侵权责任研究》,上海社会科学院出版社 2011 年版,第 108 页。

任的规定。从该条文的内容上看,并没有限制捏造事实提起民事诉讼的行为人数量,即可理解为不仅包含了《民事诉讼法》第115条、第116条中恶意串通的情形,还包含了一方当事人捏造事实提起民事诉讼的行为。

然而,对于一方当事人以拖延诉讼进程而为的恶意诉讼行为,法条中很难寻求其违法性的规定。该类型的恶意诉讼行为的作为环境,存在于有纠纷真实存在并需要解决的诉讼程序中。当事人在此提起诉讼的行为并不违法,且并不存在捏造事实的行为,仅存在对诉讼权利行使的失当。法院对于管辖权异议的申请仅存在提交诉讼费用的规定,而对于不在法定期限内提交证据的行为,法院只是规定了对证据必要性的审查,在裁定采纳新证据的情况下,才对当事人进行罚款或训诫。而此处的罚款、训诫不应当作为违法性认定条款进行理解,法院裁定对新证据的采纳即是对当事人此时举证行为的一种肯定,训诫和罚款是对立法规定举证期限的维护行为,且立法并没有对新证据提出给对方带来损害进行赔偿的规定,同时该规定亦不存在于民事诉讼强制措施的法条章节中。而对于当事人的上诉行为,更是法律明文规定的诉讼权利,且一审裁判文书的生效期限也是在上诉期届满之后。虽然该类恶意诉讼行为实际存在侵害权益的现象,但亦不可将《民法典》侵权编第1164条中对于人身、财产权益的侵害认定为违法性规定条款。根本原因在于,当事人此时的行为皆是行使诉讼权利的行为,若因为存在对他人权益的侵害性就一律施加侵权责任,那么不仅是对诉讼权利行使产生了障碍,同时使纠纷的解决进入了无限的循环。当一个案件的审理结束之后,当事人可以仅基于在前诉中对方当事人诉讼权利行使的失当,而提出侵权之诉。而之后被起诉者亦可以相同理由再行诉讼,这样产生的循环并不是立法所追求的。因此,对于以阻碍纠纷解决为目的进行的恶意诉讼行为,当针对其拖延纠纷解决的一面追究行为者的民事诉讼法律责任,而非侵权责任。

### (二)过错要件的内容

过错要件,作为侵权责任承担的构成之一,在追究恶意诉讼行为者侵权责任时有着至关重要的作用。对于提起诉讼的当事人可否成为本书第二章中的恶意诉讼行为主体这个问题,主观上过错要件的判断,起了至关重要的作用,而对于责任承担方面,归责原则的选择成了划定是否承担责任的红线。对不同形式恶意诉讼行为中过错要件的探讨,即是要解决该行为是否应当承担侵权责任,以及如何进行责任分配的问题。

我国《民法典》侵权编第 1165 条第 1 款明确规定了追究侵权责任时一般适用过错责任原则,第 1165 条第 2 款和第 1166 条的规定,分别是对特殊情形适用过错推定和无过错责任原则的补充。基于现行法律并没有对恶意诉讼行为是否适用无过错责任原则进行规定,因此在探究此处过错要件时,应当排除原《民法典》侵权编第 1165 条第 2 款以及第 1166 条关于过错推定以及无过错责任原则的适用。主观过错主要包括故意和过失两种。关于故意的认定,我国《刑法》第 14 条做了详细的解释,即明知危害结果且希望或者放任结果的发生。关于过失的描述则是该法第 15 条的内容,即对于自己行为可能产生的危害结果应当预见,而由于疏忽大意或轻信可以避免,最终导致侵害的发生。按照前文第一章的论述内容,本书探讨的恶意诉讼行为之概念相较其他周边概念而言,重点强调的是当事人主观上的故意。之所以排除过失,主要是因为恶意诉讼行为的实施在于当事人利用诉讼权利行使的合法外观,恶意地追求法外不法目的的发生。基于前述关于违法性的论述,被追究侵权责任的恶意诉讼行为,主要集中于以结果可能导致“创设原程序审查之外的新纠纷”的诉讼程序中。在此范围内讨论的过错要件存在单独侵权与共同侵权两种情形。

对于单独侵权而言,一方当事人以侵害为目的提起诉讼的内容在法条中并未详细规定。但从案例四的分析中可以发现,原告提起诉讼,并扭曲事实错列被告的行为,系出于主观的恶意。在此不可因原告为非法律专业人士,并不知晓错列被告会导致对方产生诉累的结果,而排除其故意。只需用常识进行判断,即可知自己扭曲事实错误罗列被告是一种不当的行为,并可发生将对方引入诉讼程序的结果。在知晓此种危害且积极追究危害结果的发生,当然被认定为恶意。

然而对于案例八中,当事人错误地运用保全措施,最终导致其承担侵权责任的结果,却可能因为法条的规定,而引发此处责任承担究竟运用的是过错责任原则抑或无过错责任原则的探讨。[1] 在法条中的表述是"申请有错误",至于错误产生的原因是否为故意,或直接排除过错认定只要错误即导致赔偿责任,单从字面的理解很难寻找答案。最高人民法院《关于当事人申请财产保全错误造成案外人损失应否承担赔偿责任问题的解释》中将原《民法通则》第 106 条[2]及《民事诉讼法》第 96 条作为赔偿的依据。然而原《民法通则》第 106 条中的规定亦包括了过错责任原则和无过错责任原则的内容。因此,对该行为适用何种过错要件进行归责,尚需要通过保全行为本身来分析。我国《民事诉讼法》将财产保全区分为诉前财产保全和诉中财产保全两种,从该法第 100 条和第 101 条的内容看,财产保全的目的是避免财产转移致使将来难以执行,以及避免合法权益受到难以弥补的损害。对于诉前的财产保全法院不可依职权作出,申请人必须提供相应担保;对于诉讼中的财产保全法院可以按审理情况依职权裁定,也可根据当事人申请裁定,此

[1] 参见王亚明:《财产保全申请错误再探——从司法统计的视角》,载《法治研究》2014 年第 12 期。

[2] 现为《民法典》第 176 条规定:"民事主体依照法律规定或者按照当事人约定,履行民事义务,承担民事责任。"

处申请人提供担保并非必须。由此可知,在诉前由于法院并未实际审理案件,申请人申请财产保全需尽到注意义务,同时提供担保。这里的注意义务包括对保全行为必要性的审慎以及保全数额的审慎。对于诉前的财产保全法院仅有形式审查的义务,因此要求当事人提供对保全必要性和保全数额的相关证件材料。同时法条还规定了 30 日的起诉期限。因此有学者总结,实践中认定申请财产保全错误的情形包括:(1)申请人的诉讼请求未得到法院支持;(2)超额保全;(3)原告起诉后撤诉或按撤诉处理;(4)申请人违反了合理的注意义务。[1] 对于诉中财产保全的申请,法院则是以案件审理的情况为判断基础,可主动采取保全措施亦可依申请采取。此处对申请人申请的审查应当是基于对案件事实的判断基础之上,但亦不可排除申请人假造事实,导致法院判断错误最终采取保全措施的情形。单从法条的规定和实践中的做法来看,除对注意义务的判断外,其他均是对客观条件的描述。倘若以客观条件以偏概全,不考虑财产保全申请人的主观过错,势必使这项维护申请人权益的诉讼权利很难发挥立法追求的作用。由于诉讼存在风险,法官接收到的案件事实并非具有真实性的完全还原,财产保全申请人即使尽到注意义务,也不意味其诉讼请求一定被裁判结果支持。此外,尚存在因为紧急情况需要财产保全,而由于法定 30 日的起诉期限中当事人准备有限,很可能出现因举证不能而导致实际给付数额与保全数额有差异的现象。同时,亦不能保证保全申请后的起诉一定被法院受理。因此,在对财产保全错误进行损害赔偿案件审理时,法官亦应当考量申请人的主观过错要件,以保证对申请人的公平。

然而在《民事诉讼法》第 110 条规定的因申请先予执行而需承担赔偿责任的情形中,仅以申请人败诉为赔偿要件。从法条字面来看,将败

---

〔1〕 参见肖建国、张宝成:《论民事保全错误损害赔偿责任的归责原则——兼论〈民事诉讼法〉第 105 条与〈侵权责任法〉第 5 条的关系》,载《法律适用》2016 年第 1 期。

诉作为一项客观条件来理解，似乎此处适用的是无过错责任原则。通过分析先予执行案件的条件来考察该类案件败诉的原因可知，先予执行必须是在当事人之间权利义务关系明确的情况下进行的，而权利义务关系明确的判断者为法官。再结合最高人民法院《关于审理民事、行政诉讼中司法赔偿案件适用法律若干问题的解释》第 7 条的规定，先予执行败诉产生的赔偿义务被排除在司法赔偿的范围内，而此时法官对权利义务关系的判断属于职务行为，并非该条第 4 款描述的个人行为。由此可以判断的是，立法者在申请先予执行后败诉案件中，更多考虑的是因申请人的过错，导致法官对权利义务关系判断错误，从而出现在先予执行后又败诉的现象。从立法的体系解释角度看，此时对申请人应当适用过错责任原则。

由此可知，对于产生侵权责任的恶意诉讼行为而言，过错要件存在的意义在于维持裁判的公平性，也更有利于鼓励诉讼权利的正当行使行为，使法官不会因噎废食地将可能存在侵害性正当权利行使行为一律作为恶意诉讼行为进行惩罚。而对于恶意诉讼行为者过错导致的赔偿责任，在适用过错责任原则的情况下，可以合理地将法院排除在赔偿主体的范围之外。

### （三）造成损害的范围

按照《民法典》侵权编的规定，侵权行为造成的损害包括财产和人身权益的损害。立法中对恶意诉讼行为造成损害的内容除前文论述的保全错误的财产损失外，还包括《民事诉讼法司法解释》第 313 条第 2 款的规定，申请执行人因被执行人与案外人以执行异议、执行异议之诉的形式来妨碍法院执行从而受到损失的，法条赋予了其可以另诉请求赔偿的权利。可见对于第 116 条中的恶意诉讼行为，立法倾向于让违法者承担侵权责任。依照立法内容进行分析可以知晓的是第 116 条中的损害内容针对需要被执行的生效法律文书，这部分内容的损害是有限的，其范围是生效法律文书确定的权利范围。对于此权利范围一般限于本章第一节关于恶意内容的论述中提及针对财产权益的侵害。但恶意诉讼行为同样可对人身权益造成侵害。

案例九：法律教师状告校长著作权纠纷案。[1]

该案原告史某状告其所就职高校的校长，要求法院认定两篇学术论文的著作权归属于他本人。后经法院审理查明，该案中两篇学术论文系原告创作，但发表时因发表困难改以校长的名义发表，校长于某虽对史某行为不满，但采取容忍态度，并将稿费上交学校纪委。史某虚构事实提起诉讼的目的，在于通过法院的裁判将著作权判归自己名下。

此案件属于一方当事人以侵害为目的提起诉讼的恶意诉讼行为。案件虽以著作权归属为案由进行起诉，但实质上造成的是对校长于某名誉上的损害。倘若史某诉讼请求成立，则于某将背负学术不端的骂名，对于一位从事高等教育且已位及校长的教育从业者，将构成名誉上的实质损害。同时，单就著作权而言，著作权中的署名权亦是一项具有人身属性的权益。因此可以判断的是，恶意诉讼行为不仅会造成财产上的侵害，亦可造成人身权益的损害。

### (四)因果关系的认定

侵权责任中因果关系的原因应当是违法行为。[2] 依照三段论的分析方法进行解读：

(1)大前提：依照社会经验或法律规定可以判断该行为能够引发某种损害结果。

---

[1] 参见《透视上海一起法学专著著作权纠纷案：恶意诉讼》，载央视网 2022 年 8 月 7 日，https://www.cctv.com/news/china/20020807/173.html。

[2] 参见杨立新：《侵权责任法》，法律出版社 2010 年版，第 77 页。

(2)小前提:依照案件事实判断该行为确实引发了该种损害结果。

(3)结论:该行为与损害结果的发生之间存在因果关系。

判断恶意诉讼行为与损害事实之间是否存在因果关系,是侵权责任该当性的关键证明要素。从前文的论述来看,恶意诉讼行为包括一方当事人侵害对方的情形以及双方恶意串通侵害第三人的情形。从一方当事人侵害对方的角度看,案例四中原告的起诉行为直接引发被告的应诉,从而给被错误引入诉讼的被告带来了诉累,由此产生误工和交通费用的损失。按照三段论的分析,该案的大前提是原告的告诉行为必然引发被告的应诉,从而产生诉讼费用。小前提是该案中错误引入诉讼的被告进行了应诉,导致了误工的同时其参加诉讼亦会产生交通费用。结论是该恶意诉讼行为与损害结果存在因果关系。案例九中原告虚构事实引发著作权的争议,同样可以通过此种方法寻求因果关系的存在。

从恶意串通侵害第三人的角度来看,本书案例一中恶意串通的双方当事人侵害法律上有利害关系第三人的物权。该案中前诉调解书确认的在先买卖合同无效,企图通过阻断前手的买卖关系,使后手房产交易成为无权处分的恶意诉讼行为,直接逃避了对后手过户房产的后合同义务。从因果关系的判断上,属于一行为引发一种损害结果的情形,该恶意诉讼行为对后手房产购买者造成损害具有百分百的原因力。因此,该前诉创造了原审理纠纷之外新的纠纷,即对后手合法取得物权的阻碍,当然地应承担侵权责任。而案例二、案例三中前诉恶意串通的双方当事人侵害的是事实上有利害关系的第三人,一方面是通过转移财产侵害投资人财产权益,另一方面是通过财产转移侵害股东财产权益。该案件中恶意诉讼行为对损害事实的原因力较案例一而言略显薄弱。虽然两则案例中恶意诉讼行为实施者均被依照《民事诉讼法》第 112 条的内容科以罚款的惩罚,但若追究其侵权责任,尚需考虑与损害事实之间的因果关系。案例二中损害投资人利益,实质上损害的是投资人与恶意诉讼行为者之间的合同利益。因此案例二中的投资人尚需证明该恶意诉讼行为与合同违约之间存在因果关系。而合同违约可能存在多种原因,所以该案中的原因事实可能不仅是恶意诉讼行为这一方面,还可能存在多种原因共同作用导致损害结果发生的“多因一果”现象。因此,要证明该恶意诉讼行为与损害结果之间存在因果关系,尚需证明原《合同法》第94条第4款[1]关于根本违约的内容。只有在确证该恶意诉讼行为将导致根本违约的情形下,才能证明其与损害结果之间存在因果关系。案例三中法定代表人通过恶意诉讼行为转移公司财产,基于公司在法律上具有民事主体资格,直接受到损失的应当是公司,而非公司股东。该侵害是以先作用于公司后及于股东的形式侵害股东权益,可以总结为一项侵害行为导致多个损害结果的发生,即“一因多果”的现象。因此,要证明该恶意诉讼行为与股东权益受到侵害之间的因果关系,尚需先证明该行为损害了公司的权益,而后再及于股东权益的减损。

### 三、扩大侵权责任的赔偿范围

除生效判决带来的民事权益损害以外,恶意诉讼行为还因无端增加受害人的诉累,带来了应诉的负担。在英国诉讼规则中的诉讼费用指的是当事人本人进行诉讼的包括一切诉讼费和报酬的费用,其中占费用金额主要比例的是当事人聘请律师产生的费用。[2] 该诉讼费用的规制给无辜被卷入诉讼中的当事人提供了救济。英国普通法中诉讼费用承担的一般原则——布洛克(Bullock)命令中规定了没有过失而被起诉,并且最终获得胜诉的被告从原告处获得了诉讼费用的补偿,此处

[1] 现为《民法典》第563条第1款第4项。

[2] 参见徐昕:《英国民事诉讼费用制度》,载《司法改革评论》2002年第2期。

的诉讼费用正是上述所言的包括一切诉讼费和报酬的费用。[1] 根据哈扎尔·甘(Hazel Genn)教授对英国高等法院的上诉费用进行的实证调查表明,绝大部分案件当中诉讼成本的金额与诉讼请求的金额几乎相等。[2] 上述关于诉讼费用补偿的制度规定不仅可以有效地禁止随意提起诉讼的行为,而且救济了无过错的当事人因他人起诉而带来的诉累。

然而,从我国《诉讼费用交纳办法》第6条的规定来看,我国规定的诉讼费用仅包括当事人交纳给法院的费用,并没有涵盖聘请律师的费用。从我国民事诉讼实践中看,并非所有的当事人都会聘请律师代理自己参与的案件。对于是否可以将律师费纳入针对恶意诉讼行为的侵权责任赔偿范围,还应当基于此种建议是否有利于对该违法行为的规制角度进行分析。首先,侵权责任的赔偿范围应当涵盖的是当事人实际造成损失的范围。对于前文关于将第三人撤销诉讼实体条件扩大的建议来看,第三人可以在判决生效后存在侵害可能时提起撤销诉讼,不需等到执行时实际损害发生再提起,这样的扩张可以表现出对权益救济的即时性。此种情况,若在被申请执行前撤销诉讼被审结,对民事权益的实际侵害并没有发生,那么此时第三人对权益救济实际支出的负担就仅限于诉讼费用和聘请律师的费用。若此处第三人并未聘请律师,则此负担仅有的诉讼费用,会因第三人的胜诉而由撤销诉讼的被告负担。从这样的角度观察,似乎并没有规定赔偿范围包括聘请律师的费用。但换一个角度考虑,若在此处规定可以赔偿聘请律师的费用,第三人则不需考虑为了节约这部分费用的负担而放弃聘请律师的权利。其次,考虑第三人撤销诉讼的复杂性,在律师代理的情况下,第三人在

---

〔1〕 参见[英]大卫·巴纳德:《英国民事诉讼法》,袁岳、陈伟雄等译,西南政法学院法律系诉讼法教研室1987年版,第199页。

〔2〕 参见徐昕:《程序经济的实证与比较分析》,载《比较法研究》2001年第4期。

没有律师专业代理的情况下很有可能败诉，将律师费用纳入赔偿范围可以鼓励第三人聘请律师，更加有力地使恶意诉讼行为者承担法律责任。再次，考虑律师费用将被纳入赔偿范围，这种增加恶意诉讼行为法律责任的做法，对该违法行为还具有一定的警示预防作用，侵害者将考虑自己行为后果的严重性而放弃该违法行为。最后，就将律师费用纳入赔偿范围的可行性而言，对于律师费用该如何计算的问题，我国已有地方政府颁布的收费指导标准，如《北京市律师诉讼代理服务收费政府指导价标准》。对于政府拟定的指导价标准中存在的浮动，律师费用可能因律师个人原因代理个案的差异，此时受侵害者可让律师提供自己代理案件惯常的收费标准，由法官在政府指导价标准范围内，裁量个案的律师费用金额。

除去律师费用的问题外，恶意诉讼行为造成的损害范围，如前所述，不仅包括财产性的损害，还包括人身性的损害。对于造成人身性的损害，亦应当支持受侵害者提出精神损害的赔偿。

## 第二节　刑事责任的追究

### 一、加强新罪名的适用

对于将《刑法修正案（九）》第35条直接理解为虚假诉讼罪的做法，从罪名能涵盖的犯罪情节来看并非全面。按照前文第一章关于虚假诉讼的理解，虚假诉讼主要强调的是以四方诉讼法律关系为基础探讨对案外人侵害的恶意诉讼行为。对于导致"创设原程序审查之外的新纠纷"的恶意诉讼行为而言，除虚假诉讼的内容之外，亦包括一方当事人虚构事实引发民事诉讼侵害对方当事人的行为。是否可以作出这样的理解尚且需要从罪刑法定原则入手寻求其正当性。

罪刑法定原则规定于我国《刑法》的第3条，从该原则派生出来的四个原则包括：排斥习惯法、排斥绝对不定期刑、禁止有罪类推、禁止重法溯及既往。[1] 对于将该罪名的犯罪主体理解为包括恶意串通的双方当事人，以及以侵害为目的的提起诉讼的一方当事人两种情形是否违反罪刑法定原则，需要考虑的是该理解是否违反了禁止有罪类推这项派生原则。按照《刑法》第3条的规定："法律明文规定为犯罪行为的，依照法律定罪处刑；法律没有明文规定为犯罪行为的，不得定罪处刑。"这里的法律并不能按照一般对法的理解进行释义，此处的法专指刑法，包括形式刑法和实质刑法，而就我国法律语境而言，罪刑法定中的"法"专指刑法典。[2] 因此，该罪名的主体并不受《民事诉讼法》第115、第116条关于恶意串通双方当事人的限制。同时需要注意的是，按照《民事诉讼法司法解释》第313条中规定的，案外人与被执行人恶意串通提起的执行异议之诉中，申请执行人为被告，这种诉讼形式实质上指的是一方捏造事实起诉侵害对方当事人的情形。虽然我国的《民事诉讼法》及其司法解释并不是罪刑法定原则中"法"的范畴，但对提起民事诉讼这一行为亦有参考作用。基于常识理解，民事诉讼程序的产生是基于一方当事人的起诉行为，"捏造事实提起民事诉讼"本身包括双方恶意串通提起民事诉讼与以侵害为目的捏造事实提起诉讼两种情形，在逻辑上存在递进关系，该解释实质上属于当然解释，并非扩大解释，亦不会引发类推解释的嫌疑。因此，基于本书第一章对概念的辨析，虚假诉讼强调的是基于双方当事人、法院以及案外第三人的四方法律关系，并没有包括一方当事人捏造事实提起诉讼的行为，遂不应以虚假诉讼罪

---

[1] 参见高铭暄、马克昌主编：《刑法学》（第3版），北京大学出版社2007年版，第30页。

[2] 参见陈兴良：《罪刑法定主义的逻辑展开》，载《法制与社会发展》2013年第3期。

对该罪名进行命名，应用恶意诉讼罪来概括其内涵。

虽然可以通过当然解释扩大对“捏造事实提起民事诉讼”的理解，但《刑法》第307条规定的两项罪名的竞合，依旧使恶意诉讼罪在适用上受到一定限制。

案例十：朱某等妨害作证、帮助伪造证据案。[1]

该案件起因是天工公司中标承建的一项安置小区建筑工程。该工程由朱某实际承建，工程所需钢材由昌联公司提供。后朱某与天工公司就工程款项的支付发生纠纷。昌联公司为工程建设共计提供的钢材价值1000万元，朱某通过其妻子施某的个人账户已向昌联公司支付了大部分货款，仅剩余款60万元未结清。朱某为多拿工程款项，通过与昌联公司的王某合谋，虚构王某与施某间存在借款，掩盖其已经支付大部分钢材款项的事实。同时，虚构债权转让协议将昌联公司对该工程钢材款项的债权转让给仁峰公司的事实，并以仁峰公司的名义向天工公司起诉，要求支付钢材款项和违约金合计1000余万元。该案最终以朱某被判处妨害作证罪，王某判处帮助伪造证据罪结案。

就导致“创设原程序审查之外的新纠纷”的恶意诉讼行为而言，其行为表现方式中捏造事实的行为，可能触犯的是妨害作证罪、帮助毁灭、伪造证据罪的内容，即《刑法修正案（九）》出台前，《刑法》第307条的内容。恶意诉讼罪与此两种罪名的区别主要表现为两点。一是妨害作证罪、帮助毁灭、伪造证据罪发生的时间点，往往在诉讼进行的过程当中。[2] 而恶意诉讼罪发生于提起民事诉讼时。提起民事诉讼时作为时间点，相对于诉讼中而言区别在于，提起民事诉讼的行为可能导致的结果并不一定引发诉讼程序的展开，可能存在因为准备材料不充分

---

[1] 参见浙江省绍兴市越城区人民法院刑事判决书，(2016)浙0603刑初220号。

[2] 参见高铭暄、马克昌主编：《刑法学》(第3版)，北京大学出版社2007年版，第622页。

而不被法院受理的情形。二是妨害作证罪、帮助毁灭、伪造证据罪是行为犯，即犯罪嫌疑人只要实施以暴力、威胁、贿买等方法阻止证人作证或者指使他人作伪证的行为，就有可能被入罪处罚。而恶意诉讼罪是结果犯，需要达到妨害司法秩序或严重侵害他人合法权益的结果才会被认定为触犯该罪名。[1] 依照这样的理解分析上述案例，朱某虚构借款与债权转让协议的事实，并以此为由以仁峰公司的名义向天工公司起诉，符合捏造事实提起民事诉讼的行为要件。并且该捏造事实的行为发生在诉讼之外，同时由于起诉的行为引发了诉讼程序，应当认定为妨害司法秩序。因此，可以认定朱某为恶意诉讼罪的主犯，王某帮助朱某实施犯罪行为认定为从犯，基于该帮助行为有单独的罪名，按照特别法优于一般法的适用位阶，王某依旧可以以帮助伪造证据罪定罪。

由此可见，加强恶意诉讼罪的适用，关键在于该罪名主犯行为与妨害作证罪的区别。从捏造事实提起民事诉讼这一行为描述看，伪造证据的目的在于使法院立案从而展开诉讼程序，实质上是通过诉讼程序创造了一项本就没有的纠纷。而妨害作证罪的关键在于，对于原本存在的纠纷，为了胜诉的目的妨害作证伪造证据。此二者行为目的具有本质的区别，依此犯罪目的区分两种罪名的适用，可以避免因第 307 条内部竞合而限制恶意诉讼罪适用范围的问题。

## 二、犯罪主体的认定及共同犯罪

2015 年颁布的《刑法修正案（九）》将恶意诉讼行为的规制明确地列入了刑法的范围内。立法的操作是将《刑法》第六章第二节的第 307 条中增加一款内容，规制捏造事实引发民事诉讼，妨害司法秩序或侵害他人合法权益的行为。学界对这一立法内容探讨时多数认为该项立法

---

〔1〕 参见李翔：《虚假诉讼罪的法教义学分析》，载《法学》2016 年第 6 期。

的新增条款,是对虚假诉讼的刑法调整。[1] 除规定当事人可以成为该罪名的犯罪主体之外,《刑法修正案(九)》还规定了司法工作人员利用职务便利实施该罪名违法犯罪的,属于从重处罚情节。因此,在讨论该罪名的犯罪主体时,还需要讨论共同犯罪的问题。

按照本书第二章关于恶意诉讼行为主体的论述,恶意诉讼行为的实施者不仅包括当事人,还包括其他诉讼参与人和司法工作人员。区分该罪名下犯罪主体的共同犯罪问题,目的在于厘清各参与者在犯罪行为中的角色,以此来认定其承担刑事责任的轻重。对于从犯按照《刑法》第 27 条的规定,应当从轻减轻或者免除处罚。遂需要对恶意诉讼行为中各主体对结果发生产生的作用力进行分析,以区分该罪名中主犯与从犯实施犯罪的不同情节。

对于其他诉讼参与人而言,按照前文论述需将委托代理人列出作为单独讨论的对象。讨论代理人能否成为该罪名的共犯,重点在于其是否具备共同犯罪的故意。在大多数情况下,委托代理人参与的恶意诉讼行为,如案例七的情形描述,在其中扮演着组织策划者的角色。基于委托代理人多为律师或有具备法律知识的专业人士,其对诉讼程序较一般当事人更为了解,因此作为该犯罪行为的组织策划者,应当被当然地认定为主犯,并与当事人一样承担主要犯罪责任。但不可排除委托代理人对捏造事实提起诉讼不知情的情形。在此种情形下,基于委托代理人并不知晓该诉讼程序的产生基础是通过伪造事实而引发的,委托代理人不存在对犯罪事实的认知,即不存在犯罪的故意,仅被作为一项辅助诉讼程序展开的工具作用于整个案件。因为共同犯罪需要意思联络,因此委托代理人不应当被认定为共同犯罪者。

对于代理人之外的其他诉讼参与人,基于其在整个诉讼过程中所

---

〔1〕 参见胡安琪:《虚假诉讼刑法规制及其完善——以〈刑法修正案(九)草案〉为视角》,载《山西农业大学学报(社会科学版)》2015 年第 7 期。

起的作用是证明某一事实存在的真实性,或其他辅助作用,并不存在单独的其他诉讼参与人行为构成该罪名单独触犯的可能,因此可从从犯的角色追究法律责任。司法工作人员构成该罪名的入罪条件法条中规定为“利用职务便利,与他人共同实施前三款犯罪行为的”,从这样的描述中可以看出,司法工作人员亦不可单独实施该项犯罪,对于其在共同犯罪中的角色,可根据个案具体分析其在整个犯罪过程中的作用力来认定。

《刑法》第29条规定了共同犯罪中关于教唆犯的内容。在该罪名下同样具备教唆犯存在的可能。对于教唆犯而言,其在共同犯罪中具有特殊的独立性。教唆者可因其单独的教唆行为独立构成犯罪,亦可在共同犯罪中以教唆者的身份出现。教唆犯在共同犯罪中的种类划分标准是分工标准,独立于主犯、从犯间的作用力标准。[1] 基于这样的独立性,教唆犯可能存在的情形包括两种:一方面,可能是单独的教唆者,教唆犯存在于整个犯罪行为之外,并未参与该罪名规定的诉讼程序当中;另一方面,教唆者参与该罪名规定的诉讼程序中,但教唆行为可以独立于其他犯罪行为的实行行为,因此教唆者可以是当事人,亦可以是其他诉讼参与者或司法工作人员。在该罪名下,犯罪实施主体由于在诉讼程序中具备不同的身份,从而可能引发不同罪名适用的问题,可依照犯罪主要的实行行为来认定共同犯罪的性质,若存在两个或两个以上不同的实行行为,则可对犯罪者依其身份不同适用不同的罪名。[2]

---

〔1〕 参见马克昌:《共同犯罪理论中若干争议问题》,载《华中科技大学学报(社会科学版)》2004年第1期。

〔2〕 参见韩轶:《不同身份者实施的共同犯罪定性之研析——兼论异种罪名的共同犯罪》,载《法商研究》2010年第3期。

## 三、罪数形态与犯罪形态的认定

### （一）罪数形态的认定与罪名竞合的甄别

基于恶意诉讼行为侵犯的是复杂客体，在适用刑罚时会产生的罪数形态问题。基于手段行为具备欺诈的特性，在与诈骗罪行为特性发生混同的方面，最高人民检察院在《关于通过伪造证据骗取法院民事裁判占有他人财物的行为如何适用法律的答复》中给出的辨析说明排除了对诈骗罪的适用。主要原因在于被害人给付财产的行为并非基于捏造事实提起诉讼给自己带来的错误认识，而是基于司法裁判的权威性，而法院并不能成为欺诈的对象，遂排除诈骗罪应用的可能。该答复中还指出，伪造证据的行为可依照《刑法》第280条定罪，指使他人作伪证的行为依照第307条定罪。犯罪嫌疑人在实施恶意诉讼行为时，往往需要伪造相应的证据，在伪造证据的过程中很可能触犯《刑法》第280条的内容。伪造证件的目的是形成虚假的事实从而可以成功地引发民事诉讼程序。伪造证件的行为往往发生在诉讼开始之间，前期伪造证件构成虚假事实的行为属于犯罪预备阶段的行为，属于恶意诉讼行为的必要方法。当然，伪造证件的行为也可能发生在诉讼进行的过程当中，但该行为亦是为了追求恶意诉讼行为的完成，当然可以被认为是必要方法。对于此种情形的处理方式，应当按照事实上一罪的吸收犯来处理。吸收犯指的是行为人在一个犯罪活动中实施了数个行为，且诸行为均可构成不同的犯罪，但其中构成的一种罪名为其他罪名的必要方法或成为实现其他罪名的必然结果。[1]

除去手段上可能引发与《刑法》第280条的竞合外，在行为结果上，《民事诉讼法》第116条中描述的恶意诉讼行为亦可能触犯拒不执行判

---

〔1〕 参见曲新久：《论吸收犯》，载《中国法学》1992年第2期。

决、裁定罪的内容。[1] 对于罪名适用的选择，2015 年最高人民法院发布的《关于审理拒不执行判决、裁定刑事案件适用法律若干问题的解释》中，第 2 条第 4 项将“与他人串通，通过虚假诉讼、虚假仲裁、虚假和解等方式妨害执行，致使判决、裁定无法执行的”，认定为“有能力执行而拒不执行，情节严重的情形”。因此，可按照此解释，将《民事诉讼法》第 116 条中的行为依照《刑法》第 313 条追究刑事责任。该司法解释虽在罪名选择上作出说明解答了罪名竞合的疑惑，但却在很大程度上限制了第 307 条适用的可能。对于《民事诉讼法》第 116 条中描述的恶意诉讼行为可能构成拒不执行判决、裁定罪的内容，运用吸收犯的原理进行解释也略显牵强。被申请执行人与案外人串通，通过虚构的事实引发民事诉讼的行为，其最终目的是逃避履行生效法律文书确定的义务。若以吸收犯的原理进行解读，在先引发民事诉讼程序的行为，将成为逃避履行生效法律文书确定义务的手段行为。这样解读的直接结果是导致《刑法》第 313 条的适用。虽然第 313 条的罪名在刑罚上与第 307 条相同，但两条罪名相比较而言，第 313 条的规定并无法概括第 307 条的全部情形。首先，第 313 条中逃避的法律文书确定义务一般为给付之诉的裁判结果，并没有涵盖形成诉讼的结果。其次，从手段行为上看，第 313 条并没有限定逃避拒不执行的手段，而第 307 条将犯罪手段限定为提起民事诉讼的行为，从该点内容上看，第 307 条是对第 313 条行为手段的特别规定。最后，相较第 313 条而言，第 307 条单独规定了司法工作人员共同犯罪的情形。因此，从法律适用位阶上看，第 307 条属于特别法，应当被优先适用。

由此可见，恶意诉讼行为因其完成过程具有复杂性，在牵涉其他罪名时应当按照吸收犯的理论进行甄别，对于存在特别法与一般法产生

---

[1] 参见卢建平、任江海：《虚假诉讼的定罪问题探究——以 2012 年〈民事诉讼法〉修正案为视角》，载《政治与法律》2012 年第 11 期。

的罪名竞合问题，当有限适用特别法的规定。

### （二）结合诉讼程序认定犯罪形态

与前文讨论恶意诉讼行为程序法规制不同，该罪名下犯罪行为的着手点，不应当以造成了民事权益的损害为起点。该罪名被规定在我国《刑法》第六章妨害社会管理秩序的章节中，如前文所述，该罪名侵害的客体包括民事权益的同时，还包括对司法秩序的妨害。从第307条对罪名的文字描述中分析，对于两种法益的连接逻辑用词是“或”，即表明该罪名的触犯不要求同时侵害两种法益，侵害其中一种即可触犯该罪名。那么对司法秩序妨害的起算时间点，较民事权益侵害而言更为靠前。对于《民事诉讼法》第115条中的恶意诉讼行为，不依照前诉判决是否需要通过执行来造成民事权益侵害来区分“特别损害”的起算，而是在适用该罪名判断犯罪行为着手点时，应当一律按照前诉请求法院立案登记时为时间节点。

按照前文的分析，该罪为结果犯，即必须造成法益的侵害才能认定为犯罪。因此，法律不惩罚提起诉讼前捏造事实的犯罪预备行为，该罪名既遂应是以捏造的事实提起诉讼并在法院成功立案为条件的。基于犯罪着手以请求法院立案登记为时间节点，所以在立案审查的过程中，法院基于受害者的举报，或基于自身的立案审查发现该案件为恶意诉讼行为而拒绝立案时，为犯罪未遂的认定。另外，在请求立案登记与法院告知立案结果这段时间内，嫌疑人主动中止犯罪行为，提出撤诉并未造成实质侵害，且被法院允许的情形，可被认定为犯罪中止。

# 结　论

法治作为社会运行的基本保障,在助推经济发展的同时增强了民众运用法律维护自身权益的意识。随着人们法律意识的不断加强,运用在司法程序解决民事纠纷已成为一种常态选择,对于程序中权利的行使,更是当事人自由意志的体现。从我国现阶段对民事程序的立法改进来看,在维护司法正义的同时,从更大的程度上被要求保障当事人在司法程序中权利行使的自由;然而伴随维权意识强化和个人自由欲望在纠纷解决程序上的彰显,随之产生的是人们日益增长的司法程序应用需求同司法程序设置初衷之间的矛盾。恶意诉讼行为即是这一矛盾的直接产物,即在具备行使诉讼权利的合法外观下,当事人追求着纠纷解决程序运行外的不法目的。

在甄别恶意诉讼行为时需把握该违法行为具备的恶意内容,利用结果反推的方法,可以避免诉讼权利的正当行使受到阻碍。从阻碍纠纷解决的后果出发,从利益平衡的角度考量诉讼行为实施的必要性,即对于本没有必要实施或在不适当时间节点实施的诉讼行为,应当通过程序法的规范,追究违反程序法带来的民事诉讼法律责任。从创造新纠纷的后果出发,对裁判结果带来的他人权益侵害内容进行救济,可追究违法者侵权责任,乃至刑事责任。在惩罚恶意诉讼行为实施主体时,不仅应当追究实施诉讼行为的当事人的法律责任,教唆实施者、辅助参与实施者同样应被纳入法律规制的范围。正是因为该违法行为在行为手段上具有隐秘性,实施主体多重,侵害的客体又具备复杂性的特征,在进行法律规制时不仅应当考虑程序立法的规制与完善,还应当考虑程序法与实体法相互间的协调与适用。

对恶意诉讼行为从程序法角度进行规制时,不宜单就某项制度的内容进行过于宽泛的适用,还需要通过体系解释的方法,依照侵害具体发生的情况,合理配置诸救济程序的应用。对于第三人撤销诉讼这一新引进的救济程序,虽然在适用的条件上可以通过扩张解释的方法,完善该制度设计自身在适用条件上的缺陷。但这种扩张解释不应当超出现有立法规定的具体范围。通过合理的扩张解释,可以使现已发生的应用第三人撤销程序审理的案件不被认定为错案,同时可增强受侵害者应用该程序寻求救济的可能。若超出立法范围过度地扩张解释,则会导致该制度与其他救济程序竞合的问题更为严重。在既有的竞合情形出现时,则应当依照法律适用的位阶,强调再审制度最后保障的特征,对再审优先适用。

对于恶意诉讼行为从实体法角度进行规制时,尚需要考虑与程序法规制之间的协调适用。不宜过分强调实体法责任,而忽略在追究责任时如何适用法律程序的问题。对于恶意串通侵害案外第三人的情形,受害者可先通过正当的诉讼程序否定前诉裁判的效果,此后再依此为据要求侵害者承担侵权责任。对于以侵害为目的提起诉讼的一方当事人,受侵害者需证明自己被引入该诉讼程序系以捏造事实为基础,并对自身造成具体损害为据要求侵害者承担侵权责任。在追究刑事责任时,应在罪刑法定原则的范围内解释新增罪名涵盖的内容。不宜为了扩大新罪名的适用性,而以此替代旧罪名的适用。在区分犯罪形态进行量刑时,更应当考虑与程序法的衔接,以民事诉讼程序的运行为基本进行考虑。

# 参考文献

## 一、著作类

[1]张卫平主编:《新民事诉讼法专题讲座》,中国法制出版社 2012 年版。

[2]蔡章麟:《民事诉讼法上诚实信用原则》,载杨建华主编:《民事诉讼法论文选辑》(上),台北,五南图书出版公司 1984 年版。

[3]周枏:《罗马法原论》(下册),商务印书馆 1994 年版。

[4]徐国栋:《优士丁尼〈法学阶梯〉评注》,北京大学出版社 2011 年版。

[5]《德意志联邦共和国民事诉讼法》,谢怀栻译,中国法制出版社 2001 年版。

[6]《法国民法典》(下册),罗结珍译,法律出版社 2005 年版。

[7]沈达明编著:《比较民事诉讼法初论》,中国法制出版社 2002 年版。

[8]《英国民事诉讼规则》,徐昕译,中国法制出版社 2001 年版。

[9]北京大学法学院司法研究中心编:《宪法的精神》,中国方正出版社 2003 年版。

[10]丁玮:《美国宪法上的正当法律程序——一个历史的视角》,黑

龙江人民出版社 2007 年版。

[11]《美国联邦民事诉讼规则、证据规则》,白绿铉、卞建林译,中国法制出版社 2000 年版。

[12]全国人大常委会法制工作委员会民法室编:《侵权责任法立法背景与观点全集》,法律出版社 2010 年版。

[13]杨立新:《恶意诉讼的侵权行为》,载杨立新主编:《类型侵权行为法研究》,人民法院出版社 2006 年版。

[14]潘牧天:《滥用民事诉权的侵权责任研究》,上海社会科学院出版社 2011 年版。

[15]渠敬东:《缺席与断裂:有关失范的社会学研究》,上海人民出版社 1999 年版。

[16]钱穆:《论语新解》,九州出版社 2011 年版。

[17]汤维建:《恶意诉讼及其防治》,载陈光中主编:《诉讼法理论与实践》(下),中国政法大学出版社 2003 年版。

[18]江伟、邵明、陈刚:《民事诉权研究》,法律出版社 2002 年版。

[19]王利明:《中国民法典学者建议稿及立法理由:侵权行为编》,法律出版社 2005 年版。

[20]梁慧星主编:《中国民法典草案建议稿附理由——侵权行为编·继承编》,法律出版社 2004 年版。

[21]王泽鉴:《侵权行为》,北京大学出版社 2009 年版。

[22]陈清秀:《依法行政与法律的适用》,载翁岳生主编:《行政法》(上册),中国法制出版社 2002 年版。

[23]杨仁寿:《法学方法论》,中国政法大学出版社 1999 年版。

[24]徐国栋:《民法基本原则解释:诚实信用原则的历史、实务、法理研究》,北京大学出版社 2013 年版。

[25]梁慧星:《民法解释学》,中国政法大学出版社 1995 年版。

[26]薛波:《元照英美法词典》,北京大学出版社 2013 年版。

[27]高鸿钧等:《法治:理念与制度》,中国政法大学出版社 2002 年版。

[28]陈光中主编:《刑事诉讼法》(第 2 版),高等教育大学出版社 2005 年版。

[29]聂明根:《民事诉讼法上诚实信用原则研究》,载陈光中、姜伟主编:《诉讼法论丛》(第 4 卷),法律出版社 2000 年版。

[30]张德利:《关于〈关于完善人民检察院司法责任制的若干意见〉的说明》,载最高人民检察院司法体制改革领导小组办公室编:《人民检察院司法责任制学习资料》,中国检察出版社 2015 年版。

[31]许士宦:《新民事诉讼法》,北京大学出版社 2013 年版。

[32]张卫平、陈刚编著:《法国民事诉讼法导论》,中国政法大学出版社 1997 年版。

[33]杨立新:《侵权责任法》,法律出版社 2010 年版。

[34]肖建华:《民事诉讼当事人研究》,中国政法大学出版社 2002 年版。

[35][法]爱弥尔·涂尔干:《社会分工论》,渠东译,生活·读书·新知三联书店 2000 年版。

[36][法]爱弥尔·涂尔干:《孟德斯鸠与卢梭》,李鲁宁、赵立玮、付德根译,上海人民出版社 2003 年版。

[37][法]卢梭:《社会契约论》,何兆武译,商务印书馆 2005 年版。

[38][法]让·文森、塞尔日·金沙尔:《法国民事诉讼法要义》(上),罗结珍译,中国法制出版社 2001 年版。

[39][德]博克哈德·汉斯:《德国和奥地利的程序滥用制度》,张艳译,载陈光中、江伟主编:《诉讼法论丛》(第 6 卷),法律出版社 2001 年版。

[40][德]黑格尔:《精神现象学》(下卷),贺麟、王玖兴译,商务印书馆 1979 年版。

[41][德]马克斯·韦伯:《社会学的基本概念》,胡景北译,上海人民出版社 2000 年版。

[42][德]马克斯·韦伯:《法律社会学》,康乐、简惠美译,广西师范大学出版社 2005 年版。

[43][古罗马]盖尤斯:《法学阶梯》,黄风译,中国政法大学出版社 1996 年版。

[44][古希腊]亚里士多德:《政治学》,吴寿彭译,商务印书馆 1965 年版。

[45][美]詹姆斯·安修:《美国宪法判例与解释》,黎建飞译,中国政法大学出版社 1999 年版。

[46][美]约翰·罗尔斯:《正义论》,何怀宏、何包钢、廖申白译,中国社会科学出版社 1988 年版。

[47][美]朱尔斯·科尔曼、[美]布赖恩·莱特:《确定性,客观性与权威性》,徐宗立译,载[美]安德雷·马默主编:《法律与解释》,章卓明、徐宗立等译,法律出版社 2006 年版。

[48][美]布莱恩·比克斯:《法律、语言与法律的确定性》,邱昭继译,法律出版社 2007 年版。

[49][美]E. 博登海默:《法理学:法律哲学与法律方法》,邓正来译,中国政法大学出版社 1999 年版。

[50][韩]孙汉琦:《韩国民事诉讼法导论》,陈刚审译,中国法制出版社 2010 年版。

[51][日]新堂幸司:《新民事诉讼法》,林剑锋译,法律出版社 2008 年版。

[52][日]中村英郎:《新民事诉讼法讲义》,陈刚、林剑锋、郭美松

译,法律出版社 2001 年版。

[53][日]谷口安平:《程序的争议与诉讼》,王亚新、刘荣军译,中国政法大学出版社 2002 年版。

[54][日]兼子一、[日]竹下守夫:《民事诉讼法》,白绿铉译,法律出版社 1995 年版。

[55][日]高桥宏志等:《民事诉讼法制度与理论的深层分析》,林剑锋译,法律出版社 2003 年版。

[56][英]尼古拉斯·布宁,涂纪元编著:《西方哲学英汉对照辞典》,王柯平等译,人民出版社 2001 年版。

[57][英]H. L. A. 哈特:《法律的概念》,张文显等译,中国大百科全书出版社 1996 年版。

[58] A. H. J. Greenige, *Infamia*: *Its Place In Roman Public and Private* Law, Clarendon Press, 1894.

[59] Federico del Giudice, Nuovo Dizionario Giuridico, Edizione Simone, Napoli, 1998.

## 二、期刊类

[1]徐国栋:《法律局限性的处理模式分析》,载《中国法学》1991 年第 3 期。

[2]刘荣军:《诚实信用原则在民事诉讼中的适用》,载《法学研究》1998 年第 4 期。

[3]肖建华:《论恶意诉讼及其法律规制》,载《中国人民大学学报》2012 年第 4 期。

[4]徐国栋:《论诚信原则向公法部门的扩张》,载《东方法学》2012 年第 1 期。

[5]王福华:《民事诉讼诚实信用原则论》,载《法商研究〈中南政法

学院学报〉》1999 年第 4 期。

[6]管宇:《程序正义现代进路》,载《政法论坛》2008 年第 5 期。

[7]周佑勇:《论英国行政法的基本原则》,载《法学评论》2003 年第 6 期。

[8]章剑生:《从自然正义到正当法律程序——兼论我国行政程序立法中的“法律思想移植”》,载《法学论坛》2006 年第 5 期。

[9]徐爱国:《英美法中“滥用法律诉讼”的侵权责任》,载《法学家》2000 年第 2 期。

[10]郭卫华:《滥用诉权之侵权责任》,载《法学研究》1998 年第 6 期。

[11]怀宇:《我国恶意诉讼侵权制度的构建》,载《法律适用》2009 年第 11 期。

[12]刘金波、吕军英:《论恶意诉讼侵权》,载《人民司法》2012 年第 1 期。

[13]胡安琪:《虚假诉讼刑法规制及其完善——以〈刑法修正案(九)草案〉为视角》,载《山西农业大学学报(社会科学版)》2015 年第 7 期。

[14]宋朝武:《新〈民事诉讼法〉视野下的恶意诉讼规制》,载《现代法学》2014 年第 6 期。

[15]朱力:《失范范畴的理论演化》,载《南京大学学报(哲学、人文科学、社会科学版)》2007 年第 4 期。

[16]朱力:《关于社会失范机制的探讨》,载《社会科学研究》2006 年第 5 期。

[17]宋四辈、王锦:《中国古代非必要诉讼研究:“厌讼”观反思》,载《湘潭大学学报(哲学社会科学版)》2010 年第 6 期。

[18]高中、杨哲媛:《和谐社会视野下“好诉”与“厌诉”冲突之反

思——一种比较、实证的维度》,载《求索》2008 年第 1 期。

[19]渠敬东:《涂尔干的遗产:现代社会及其可能性》,载《社会科学研究》1999 年第 1 期。

[20]彭明:《诉讼行为分析》,载《江西社会科学》2002 年第 12 期。

[21]钮敏、徐骏:《“第四权力”介入下权力生态系统的重构——以司法、媒体与公众的和谐互动为例》,载《理论与改革》2007 年第 5 期。

[22]孙彩虹:《网络舆情之于司法审判:冲突与优化》,载《河南大学学报(社会科学版)》2015 年第 5 期。

[23]李富金:《地方法院无权发布司法解释性文件》,载《法学》1998 年第 2 期。

[24]陈甦:《司法解释的建构理念分析——以商事司法解释为例》,载《法学研究》2012 年第 2 期。

[25]张卫平:《起诉条件与实体判决要件》,载《法学研究》2004 年第 6 期。

[26]《解决“立案难”要立足中国国情——本刊记者访西南政法大学教授、博士生导师、司法研究中心主任徐昕》,载《中国审判》2007 年第 1 期。

[27]章武生、吴泽勇:《论诉讼和解》,载《法学研究》1998 年第 2 期。

[28]张晋红、易萍:《论民事诉讼和解制度的完善》,载《法律科学〈西北政法学院学报〉》1999 年第 5 期。

[29]李旻:《调解语境下的民事诉讼和解》,载《南京理工大学学报(社会科学版)》2011 年第 6 期。

[30]杨路:《诉讼中和解制度研究》,载《法律适用》1998 年第 12 期。

[31]刘远志:《管辖权异议制度之反思与重构——以地域管辖为视

角》,载《法律适用》2012 年第 4 期。

[32]姚志坚:《“调解热”与法院调解制度的现代转型》,载《法律适用》2005 年第 9 期。

[33]钟蔚莉、胡昌明、王煌珏:《关于审判监督程序中发现的虚假诉讼的调研报告》,载《法律适用》2008 年第 6 期。

[34]李浩:《虚假诉讼中恶意调解问题研究》,载《江海学刊》2012 年第 1 期。

[35]廖永安、崔峰:《当事人诉讼行为与民事法律行为关系考》,载《法律科学(西北政法学院学报)》2004 年第 1 期。

[36]邵明:《民事诉讼行为要论》,载《中国人民大学学报》2002 年第 2 期。

[37]沈宗灵:《对霍菲尔德法律概念学说的比较研究》,载《中国社会科学》1990 年第 1 期。

[38][英]H. L. A. 哈特、翟小波、强世功:《实证主义和法律与道德的分离(上)》,载《环球法律评论》2001 年第 2 期。

[39]杜万华、韩延斌、张颖新等:《建立和完善我国民间借贷法律规制的报告》,载《人民司法》2012 年第 9 期。

[40]任重:《论虚假诉讼:兼评我国第三人撤销诉讼实践》,载《中国法学》2014 年第 6 期。

[41]于海生:《诉讼欺诈的侵权责任》,载《中国法学》2008 年第 5 期。

[42]张培:《民事诉权滥用界说》,载《湖北社会科学》2012 年第 1 期。

[43]张晓薇:《滥用诉权行为的法律规制》,载《求索》2004 年第 8 期。

[44]严仁群:《回到抽象的诉权说》,载《法学研究》2011 年第 1 期。

[45]邵明:《滥用民事诉权及其规制》,载《政法论坛》2011 年第 11 期。

[46]张晓薇:《滥用诉讼权利之比较研究》,载《比较法研究》2004 年第 4 期。

[47]李喜莲:《也论民事诉讼法律责任制度》,载《法学评论》2014 年第 6 期。

[48]田平安、罗健豪:《民事诉讼法律责任论》,载《现代法学》2002 年第 2 期。

[49]王青斌:《论不确定法律概念与处罚法定原则的冲突和协调》,载《法学评论》2011 年第 1 期。

[50]刘正强:《“撕幕”效应下的司法运作——罗尔斯“无知之幕”的中国情境及其省思》,载《政法论坛》2015 年第 4 期。

[51]陈丹:《不动产纠纷专属管辖规则适用冲突及解决》,载《人民司法》2012 年第 11 期。

[52]陈艳、金涛:《诉讼代理人策划虚假诉讼如何处理》,载《人民检察》2010 年第 23 期。

[53]梁晓俭、宫燕明:《哈特法律规则说的解释学研究》,载《法学》2003 年第 3 期。

[54]王亚新:《我国新民事诉讼法与诚实信用原则——以日本民事诉讼立法经过及司法实务为参照》,载《比较法研究》2012 年第 5 期。

[55]杨秀清:《解读民事诉讼中的诚实信用原则》,载《河北法学》2006 年第 3 期。

[56]朱孝清:《错案责任追究与豁免》,载《中国法学》2016 年第 2 期。

[57]任重:《民事诉讼真实义务边界问题研究》,载《比较法研究》2012 年第 5 期。

[58]吴英姿:《判决效力相对性及其对外效力》,载《学海》2000年第4期。

[59]王明华:《论〈物权法〉第28条中“法律文书”的涵义与类型》,载《法学论坛》2012年第5期。

[60]张卫平:《管辖权异议:回归原点与制度修正》,载《法学研究》2006年第4期。

[61]刘后务:《论诉讼责任——兼谈〈民事诉讼法〉的强制措施制度的修改》,载《韶关学院学报(社会科学版)》2003年第10期。

[62]程啸、杨明宇、赵举秀:《民事证据法:程序与实体的交汇——访中国人民大学法学院江伟教授》,载《人大法律评论》2000年第2期。

[63]陈云良:《法的模糊性之探析》,载《法学评论》2002年第1期。

[64]陈应芬:《法律概念的逻辑分析》,载《探索》2001年第1期。

[65]张卫平:《论民事诉讼中失权的正义性》,载《法学研究》1999年第6期。

[66]廖焕国:《侵权构成要件的不法性功能论》,载《现代法学》2010年第1期。

[67]王亚明:《财产保全申请错误再探——从司法统计的视角》,载《法治研究》2014年第12期。

[68]肖建国、张宝成:《论民事保全错误损害赔偿责任的归责原则——兼论〈民事诉讼法〉第105条与〈侵权责任法〉第5条的关系》,载《法律适用》2016年第1期。

[69]马克昌:《共同犯罪理论中若干争议问题》,载《华中科技大学学报(社会科学版)》2004年第1期。

[70]韩轶:《不同身份者实施的共同犯罪定性之研析——兼论异种罪名的共同犯罪》,载《法商研究》2010年第3期。

[71]杨兴培:《论一罪的法律基础和事实基础》,载《法学》2003年

第1期。

[72]覃波:《论诉讼欺诈的刑法规制困境及出路》,载《学术交流》2016年第4期。

[73]曲新久:《论吸收犯》,载《中国法学》1992年第2期。

[74]卢建平、任江海:《虚假诉讼的定罪问题探究——以2012年〈民事诉讼法〉修正案为视角》,载《政治与法律》2012年第11期。

[75]吴明童:《谈谈妨害民事诉讼的强制措施的几个问题》,载《西南政法学院学报》1988年第2期。

[76]温世扬:《略论侵权法保护的民事法益》,载《河南省政法管理干部学院学报》2011年第1期。

[77]潘牧天:《论滥用民事诉权侵权与民事侵权的逻辑关联》,载《苏州大学学报(哲学与社会科学版)》2015年第4期。

[78]任重:《回归法的立场:第三人撤销之诉的体系思考》,载《中外法学》2016年第1期。

[79]张卫平、任重:《案外第三人权益程序保障体系研究》,载《法律科学(西北政法大学学报)》2014年第6期。

[80]陶婷:《民事诉讼诚实信用原则的法理基础及其适用范围》,载《河北法学》2014年第10期。

[81]黄娟:《对在我国民事诉讼法中确立诚实信用原则的冷思考》,载《法商研究(中南政法学院学报)》2001年第6期。

[82]宋旺兴:《论民事诉讼立案审查制度》,载《西南政法大学学报》2008年第2期。

[83]宋强:《劳动争议中劳动者的恶意诉讼及防范》,载《中国人力资源开发》2013年第7期。

[84]张卫平:《民事诉讼中的诚实信用原则》,载《法律科学(西北政法大学学报)》2012年第6期。

[85]严仁群:《二审和解后的法理逻辑:评第一批指导案例之“吴梅案”》,载《中国法学》2012 年第 4 期。

[86]贺剑:《诉讼外和解的实体法基础——评最高人民法院指导案例 2 号》,载《法学》2013 年第 3 期。

[87]肖建华、廖浩:《既判力基准时后的“和解”——以吴梅案“和解协议”与执行和解为例》,载《国家检察官学院学报》2014 年第 6 期。

[88]杨秀清:《民事诉讼中诚实信用原则的空洞化及其克服》,载《法学评论》2013 年第 3 期。

[89]张晓霞:《民法中请求权概念之辨析》,载《法学家》2002 年第 2 期。

[90]肖建华:《主参加诉讼的诈害防止功能》,载《法学杂志》2000 年第 5 期。

[91]王亚新:《第三人撤销之诉原告适格的再考察》,载《法学研究》2014 年第 6 期。

[92]王福华:《第三人撤销之诉的制度逻辑》,载《环球法律评论》2014 年第 4 期。

[93]姜战军:《侵权构成的非限定性与限定性及其价值》,载《法学研究》2006 年第 5 期。

[94]曹险峰:《我国侵权责任法的侵权构成模式——以“民事权益”的定位与功能分析为中心》,载《法学研究》2013 年第 6 期。

[95]张新宝:《侵权责任一般条款的理解与适用》,载《法律适用》2012 年第 10 期。

[96]陈兴良:《罪刑法定主义的逻辑展开》,载《法制与社会发展》2013 年第 3 期。

[97] Vease Carlos J. Colombo, Inconduct a Procesal: Temeridad o Malicia, En Marcos M. Cordoba (Director), Tratado de Ja Buena Fe en el

Derecho, Tomo I, 2004, Buenos Aires, La Ley.

[98] Leon I. Alexander, *Wrongful Attachment Damages Must Be Fixed in the Original Suit*, University of San Francisco Law Review, Vol. 4 (1969).

[99] Jonathan K. Van Patten & Robert E. Willard, *The Limits of Advocacy: A Proposal for the Tort of Malicious Defense in Civil Litigation*, Hastings Law Journal, Vol. 35(1983).

[100] John Williams, *The Action for the Malicious Prosecution of an Ordinary Civil Action*, Central Law Journal, Vol. 41(1895).

[101] Timothy P. Getzoff, *Dazed and Confused in Colorado: The Relationship Among Malicious Prosecution, Abuse of Process, and the Noerr-pennington Doctrine*, University of Colorado Law Review, Vol. 67 (1996).

[102] John Williams, *False Arrest, Malicious Prosecution, and Abuse of Procession § 1983 Litigation*, Touro Law Review, Vol. 20(2004).

[103] A. M. Witte, *Damages for Injury to Feelings in Malicious Prosecution and Abuse of Process*, Cleveland State Law Review, Vol. 15 (1966).

## 三、报纸类

[1]徐春建、古锡麟、林广海等:《依法打击虚假民事诉讼切实维护司法权威——广东省高院关于防范和打击虚假民事诉讼案件的调研报告》,载《人民法院报》2010 年 9 月 30 日,第 8 版。

[2]李爱伟、冯海玲、杜娜娜:《惩防并举　遏制恶意诉讼——山东省潍坊市奎文区人民法院关于恶意诉讼案件的调研报告》,载《人民法院报》2012 年 1 月 12 日,第 8 版。

[3]李莉:《规制恶意诉讼净化司法空间——西安法院“恶意诉讼的识别与治理”研讨会综述》,载《人民法院报》2010 年 6 月 23 日,第 5 版。

[4]卢金增、张卫清:《山东阳信:破解虚假诉讼“监督难”》,载《检察日报》2015 年 9 月 14 日,第 2 版。

[5]范跃红、林非凡:《搞虚假诉讼的“聪明人”栽了——浙江去年移送涉嫌虚假诉讼刑事犯罪线索 114 件》,载《检察日报》2014 年 2 月 24 日,第 1 版。

[6]张卫平:《第三人撤销诉讼程序》,载《人民法院报》2011 年 8 月 31 日,第 7 版。

[7]刘作翔:《“案结事了”及其他》,载《人民法院报》2013 年 1 月 18 日,第 5 版。